桥梁结构设计及施工常用规范
强制性条文速查手册

赵毓成　主编

中国建筑工业出版社

图书在版编目(CIP)数据

桥梁结构设计及施工常用规范强制性条文速查手册/
赵毓成主编. —北京：中国建筑工业出版社，2012.2
ISBN 978-7-112-13679-7

Ⅰ.①桥… Ⅱ.①赵… Ⅲ.①桥梁结构-结构设计-
建筑规范-中国-手册②桥梁结构-工程施工-建筑规范-
中国-手册 Ⅳ.①U443-62

中国版本图书馆 CIP 数据核字(2011)第 251420 号

本手册是为桥梁设计、施工图纸审查（含自查、复核）等人员编写的
一本实用手册，同时也可为设计、施工和监理等工程技术人员提供参考。
内容主要包括公路桥梁、铁路桥梁和民建相关结构三大部分。

第一部分为城市道路与公路桥梁专业（含相关）规范、规程，内容涵
盖 14 本规范，合计 141 条；第二部分为轨道交通高架结构的桥梁（含地
铁相关）规范、规程，内容涵盖 6 本规范，合计 259 条；第三部分为建筑
结构（与桥梁结构可能相关）的规范、规程，内容涵盖 21 本规范，合计
345 条，总合计 745 条。分成各部分目的是适用于桥梁结构专业的不同方
向的读者阅读和使用。本书不仅可以给技术人员参考，也可为从事城市规
划以及相关专业人士提供决策参考。

＊   ＊   ＊

责任编辑：刘婷婷
责任设计：张　虹
责任校对：刘梦然　陈晶晶

桥梁结构设计及施工常用规范
强制性条文速查手册
赵毓成　主编

＊

中国建筑工业出版社出版、发行（北京西郊百万庄）
各地新华书店、建筑书店经销
北京红光制版公司制版
北京富生印刷厂印刷

＊

开本：787×1092毫米　1/16　印张：11　字数：272千字
2012 年 4 月第一版　　2012 年 4 月第一次印刷
定价：**28.00**元
ISBN 978-7-112-13679-7
(21597)

前　言

　　本手册是源于作者在做长春快速轨道交通四号线三期工程项目期间，担任区间、车站结构专业负责人时的一个想法：工作需要一直把规范带在身边，而规范中尤为重要的就是强制性条文，考虑到同行随时携带多本规范的难度，因此萌发出编写桥梁专业及其相关的强制性条文的手册，可方便翻阅。编写的初衷是为了自己方便，但后来发现在设计过程中特别是方案阶段控制方案、施工图阶段中，强制性条文用得非常多，很多同事都为之消耗大量时间查看，有的时候因为找不着规范还得上网甚至到书店购买再查找。因此笔者利用闲暇时间，整理数百本规范而成此手册。本手册可供桥梁同行参考：既可作为公路、铁路施工图审查部门审查人员的工具书，免去了翻阅大量规范的苦恼，又可以作为公路、铁路设计等人员进行桥梁设计或咨询的主要参考资料；同时对开设桥梁结构等有关院校师生也可以学习参考。

　　由于原出发点为编著一本轨道交通高架工程施工图纸审查手册，而这需要大量的数据，经过和北京城建院等有关部门沟通，获取数据整理成类后再提供给大家，因此现阶段只能先将强制性条文编辑出来，下一步待资料更加翔实后，再整理提供。

　　本手册属于初次编写，从安全审查要求看，尚不够完善。加之笔者的专业水平和能力所限，书中疏漏难免，希望桥梁结构同行提供具体工程的审查意见，最好为电子版，笔者将在第二版中详细整理（不会列出具体工程和具体人）并列出名字表示感谢！同时也敬请使用本手册的专家和读者发现问题后及时给笔者提出宝贵的批评和指正意见，敬请发到 dachengda@163.com，不胜感激！规范在不断更新，可能会影响到强制性条文的表述，因此，本手册仅对 2012 年 3 月份之前现行规范进行统计，如果仍有其他规范涉及桥梁结构，敬请指出。

　　另外不得不说的是：由于目前轨道交通是新兴产业，且涉及很多专业，因此根据现状，将地铁（轨道交通）设计相关规范列入本书。遗憾的是目前结构工程师担当项目负责人的少之又少，编写期间我深查原因，最终明白结构工程师消耗了太多精力在结构分析计算绘图上，无暇顾及其他专业，对其他专业了解甚少，甚至连其他专业强制性条文都不了解，如何做项目负责人？正因如此，我经过再三考虑，将全本地铁设计规范中的强制性条文全部选出（实际篇幅并不多），希望桥梁/结构工程师能多花一点时间牢记这些理论，愿这对将来担任项目负责人有所帮助。

　　特别感谢：

　　李文会、武恒、张俊明等城建院同事的帮助和鼓励，让我坚持直到完成。

　　感谢我的母亲、妻子和儿子，是他们让我能在闲暇之余安心编写此手册。

2012 年 3 月　北京

目　录

第一部分

城市道路与公路桥梁

一、《城市桥梁设计荷载标准》CJJ 77—98（11条）

1.0.4 设计活载分为两个等级，即城—A级和城—B级。

3.1.1 城市桥梁设计荷载可分为：永久荷载、可变荷载和偶然荷载三类。

3.1.2 主要为承受某种其他可变荷载而设置的构件，计算其所承受的荷载时，应作为基本可变荷载。

3.2.1 按承载能力极限状态设计时，应根据可能同时出现的荷载，选择下列荷载组合：

3.2.1.1 组合Ⅰ：一种或几种基本可变荷载与一种或几种永久荷载相结合；

3.2.1.2 组合Ⅱ：一种或几种基本可变荷载和一种或几种永久荷载叠加后与一种或几种其他可变荷载相组合；当设计弯桥并采用离心力与制动力组合时，制动力应按70%计算；

3.2.1.3 组合Ⅲ：一种或几种基本可变荷载和一种或几种永久荷载叠加后与偶然荷载中的船只或漂流物撞击力相结合；

3.2.1.4 组合Ⅳ：桥梁在进行施工阶段的验算时，根据可能出现的结构重力、脚手架、材料机具、人群、风力以及拱桥的单向推力等施工荷载进行组合；当桥梁构件在施工吊装时或运输时所产生的冲击力，应根据现场具体情况和设计经验，计入构件的动力系数；

3.2.1.5 组合Ⅴ：结构重力、预加力、土重及土侧压力，其中的一种或几种与地震力相结合。

3.2.2 不同时参与组合的其他可变荷载应符合表3.2.2的规定。

不同时参与组合的其他可变荷载 表3.2.2

荷载名称	不与该荷载同时参与组合的可变荷载
汽车制动力	流水压力、冰压力、支座摩阻力
流水压力	汽车制动力、冰压力
冰压力	汽车制动力、流水压力
支座摩阻力	汽车制动力

3.2.3 当桥梁采用承载力极限状态设计时，应根据不同的荷载组合，采用不同的荷载分项系数，分别验算变形、裂缝宽度、施工阶段的应力及预应力状态。其荷载组合及荷载安全系数的采用，均应符合现行相关标准的规定。

3.2.4 对钢木结构构件仍按容许应力进行设计。其荷载组合，材料容许应力取值应符合现行相关标准的规定。

4.1.2 汽车荷载可分为车辆荷载和车道荷载。桥梁的横隔梁、行车道板、桥台或挡土墙后土压力的计算应采用车辆荷载。桥梁的主梁、主拱和主桁架等的计算应采用车道荷载。当桥面车行道内有轻轨车辆混合运行时，尚应按有关轻轨荷载规定进行验算，并取其最不利者进行设计。当进行桥梁结构计算时不得将车辆荷载和车道荷载的作用叠加。

4.1.3 城—A级车辆荷载和城—B级车辆荷载的标准载重汽车应符合下列规定：

4.1.3.1　城—A级标准载重汽车应采用五轴式货车加载，总重 700kN，前后轴距为 18.0m，行车限界横向宽度为 3.0m（图 4.1.3-1）。

车轴编号	1	2	3		4		5
轴重（kN）	60	140	140		200		160
轮重（kN）	30	70	70		100		80

总重（700kN）

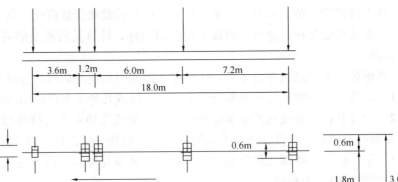

图 4.1.3-1　城—A级标准车辆纵、平面布置

4.1.3.2　城—B级标准载重汽车应采用三轴式货车加载，总重 300kN，前后轴为 4.8m，行车限界横向宽度为 3.0m（图 4.1.3-2）；

4.1.3.3　城—A级和城—B级标准载重汽车的横断面尺寸相同，其横桥向布置应符合图 4.1.3-3 的规定。

车轴编号	1	2	3
轴重（kN）	60	120	120
轮重（kN）	30	60	60

总重（300kN）

4.1.4　城—A级车道荷载和城—B级车道荷载应按均布荷载加一个集中荷载计算。计算应符合本标准的规定。

4.1.9　人群荷载计算应符合下列规定：

4.1.9.1　城市桥梁的人群荷载：

（1）人行道板（局部构件）的人群荷载应按 5kPa 的均布荷载或 1.5kN

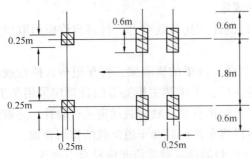

图 4.1.3-2　城—B级标准车辆纵、平面布置

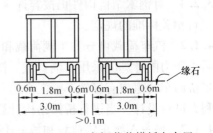

图 4.1.3-3　车辆荷载横桥向布置

的竖向集中力分别计算。

4.1.9.4 计算桥上人行道栏杆时，作用在栏杆扶手上的活载：竖向荷载采用 1.2kN/m；水平向外荷载采用 1.0kN/m。两者应分别考虑，不得同时作用。作用在栏杆立柱柱顶的水平推力应为 1.0kN/m。防撞栏杆应采用 80kN 横向集中力进行验算。作用点应在防撞栏杆板的中心。

二、《城市桥梁设计规范》CJJ 11—2011（7条）

3.0.8 桥梁结构的设计基准期应为100年。

3.0.14 当桥梁按持久状况承载能力极限状态设计时，根据结构的重要性、结构破坏可能产生后果的严重性，应采用不低于表3.0.14规定的设计安全等级。

桥梁设计安全等级　　表3.0.14

安全等级	结构类型	类　　别
一级	重要结构	特大桥、大桥、中桥、重要小桥
二级	一般结构	小桥、重要挡土墙
三级	次要结构	挡土墙、防撞护栏

注：1　表中所列特大、大、中桥等系按本规范表3.0.2中单孔跨径确定，对多跨不等跨桥梁，以其中最大跨径为准；冠以"重要"的小桥、挡土墙系指城市快速路、主干路及交通特别繁忙的城市次干路上的桥梁、挡土墙。
2　对有特殊要求的桥梁，其设计安全等级可根据具体情况另行确定。

3.0.19 桥上或地下通道内的管线敷设应符合下列规定：

1 不得在桥上敷设污水管、压力大于0.4MPa的燃气管和其他可燃、有毒或腐蚀性的液、气体管。条件许可时，在桥上敷设的电信电缆、热力管、给水管、电压不高于10kV配电电缆、压力不大于0.4MPa燃气管必须采取有效的安全防护措施。

2 严禁在地下通道内敷设电压高于10kV配电电缆、燃气管及其他可燃、有毒或腐蚀性液、气体管。

8.1.4 当立交、高架道路桥梁的下穿道路紧靠柱式墩或薄壁墩台、墙时，所需的安全带宽度应符合下列规定：

1 当道路设计行车速度大于或等于60km/h时，安全带宽度不应小于0.50m；

2 当道路设计行车速度小于60km/h时，安全带宽度不应小于0.25m。

10.0.2 桥梁设计时，汽车荷载的计算图式、荷载等级及其标准值、加载方法和纵横向折减等应符合下列规定：

1 汽车荷载应分为城—A级和城—B级两个等级。

2 汽车荷载应由车道荷载和车辆荷载组成。车道荷载应由均布荷载和集中荷载组成。桥梁结构的整体计算应采用车道荷载，桥梁结构的局部加载、桥台和挡土墙压力等的计算应采用车辆荷载。车道荷载与车辆荷载的作用不得叠加。

3 车道荷载的计算（图10.0.2-1）应符合下列规定：

（1）城—A级车道荷载的均布荷载标准值（q_k）应为10.5kN/m。集中荷载标准值（P_k）的选取：当桥梁计算跨径小于或等于5m时，$P_k=180$kN；当桥梁计算跨径等于或大于

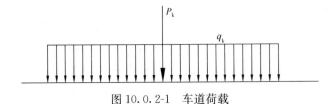

图10.0.2-1　车道荷载

50m 时，P_k＝360kN；当桥梁计算跨径在 5～50m 之间时，P_k 值应采用直线内插求得。当计算剪力效应时，集中荷载标准值(P_k)应乘以 1.2 的系数。

（2）城—B 级车道荷载的均布荷载标准值（q_k）和集中荷载标准值（P_k）应按城—A级车道荷载的 75％采用；

（3）车道荷载的均布荷载标准值应满布于使结构产生最不利效应的同号影响线上；集中荷载标准值应只作用于相应影响线中一个最大影响线峰值处。

4 车辆荷载的立面、平面布置及标准值应符合下列规定：

（1）城—A 级车辆荷载的立面、平面、横桥向布置（图 10.0.2-2）及标准值应符合表 10.0.2 的规定：

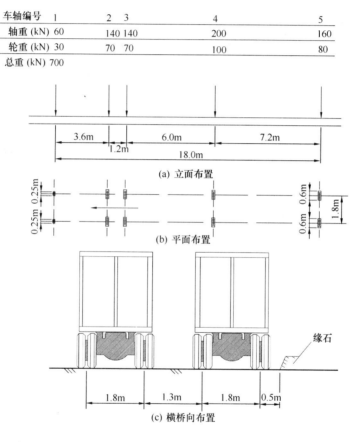

图 10.0.2-2　城—A 级车辆荷载立面、平面、横桥向布置

城—A 级车辆荷载　　　　　　　　　　　　　　　　　表 10.0.2

车轴编号	单位	1	2	3	4	5
轴重	kN	60	140	140	200	160
轮重	kN	30	70	70	100	80
纵向轴距	m		3.6	1.2	6	7.2	
每组车轮的横向中距	m	1.8	1.8	1.8	1.8	1.8
车轮着地的宽度×长度	m	0.25× 0.25	0.6× 0.25	0.6× 0.25	0.6× 0.25	0.6× 0.25

（2）城—B级车辆荷载的立面、平面布置及标准值应采用现行行业标准《公路桥涵设计通用规范》JTG D60 车辆荷载的规定值。

5　车道荷载横向分布系数、多车道的横向折减系数、大跨径桥梁的纵向折减系数、汽车荷载的冲击力、离心力、制动力及车辆荷载在桥台或挡土墙后填土的破坏棱体上引起的土侧压力等均应按现行行业标准《公路桥涵设计通用规范》JTG D60 的规定计算。

10.0.3　应根据道路的功能、等级和发展要求等具体情况选用设计汽车荷载。桥梁的设计汽车荷载应根据表 10.0.3 选用，并应符合下列规定：

桥梁设计汽车荷载等级

表 10.0.3

城市道路等级	快速路	主干路	次干路	支　路
设计汽车荷载等级	城—A级 或城—B级	城—A级	城—A级 或城—B级	城—B级

1　快速路、次干路上如重型车辆行驶频繁时，设计汽车荷载应选用城—A级汽车荷载；

2　小城市中的支路上如重型车辆较少时，设计汽车荷载采用城—B级车道荷载的效应乘以 0.8 的折减系数，车辆荷载的效应乘以 0.7 的折减系数；

3　小型车专用道路，设计汽车荷载可采用城—B级车道荷载的效应乘以 0.6 的折减系数，车辆荷载的效应乘以 0.5 的折减系数。

10.0.7　作用在桥上人行道栏杆扶手上竖向荷载应为 1.2kN/m；水平向外荷载应为 2.5kN/m。两者应分别计算。

三、《城市桥梁抗震设计规范》
CJJ 166—2011（7条）

3.1.3 地震基本烈度为6度及以上地区的城市桥梁，必须进行抗震设计。

3.1.4 各类城市桥梁的抗震措施，应符合下列要求：

    1 甲类桥梁抗震措施，当地震基本烈度为6～8度时，应符合本地区基本地震烈度提高一度的要求；当为9度时，应符合比9度更高的要求。

    2 乙类和丙类桥梁抗震措施，一般情况下，当地震基本烈度为6～8度时，应符合本地区地震基本烈度提高一度的要求，当为9度时，应符合比9度更高的要求。

    3 丁类桥梁抗震措施均应符合本地区地震基本烈度的要求。

4.2.1 存在饱和砂土或饱和粉土（不含黄土）的地基，除6度设防外，应进行液化判别；存在液化土层的地基，应根据桥梁的抗震设防类别、地基的液化等级，结合具体情况采取相应的措施。

6.3.2 当采用多振型反应谱法计算时，振型阶数在计算方向给出的有效振型参与质量不应低于该方向结构总质量的90%。

6.4.2 时程分析的最终结果，当采用3组地震加速度时程计算时，应取各组计算结果的最大值；当采用7组及以上地震加速度时程计算时，可取结果的平均值。

8.1.1 对地震基本烈度7度及以上地区，墩桩潜在塑性铰区域内加密箍筋的配置，应符合下列要求：

    1 加密区的长度不应小于墩柱弯曲方向截面边长或墩柱上弯矩超过最大弯矩80%的范围；当墩柱的高度与弯曲方向截面边长之比小于2.5时，墩柱加密区的长度应取墩柱全高。

    2 加密箍筋的最大间距不应大于10cm或$6d_{bl}$或$b/4$；其中d_{bl}为纵筋的直径，b为墩柱弯曲方向的截面边长。

    3 箍筋的直径不应小于10mm。

    4 螺旋式箍筋的接头必须采用对接焊，矩形箍筋应有135°弯勾，并应伸入核心混凝土之内$6d_{bl}$以上。

9.1.3 桥梁减隔震设计，应满足下列要求：

    1 桥梁减隔震支座应具有足够的刚度和屈服强度。

    2 相邻上部结构之间应设置足够的间隙。

四、《城市人行天桥与人行地道技术规范》
CJJ 69—95（18条）

2.3.1 天桥桥下净高应符合下列规定：

2.3.1.1 天桥桥下为机动车道时，最小净高为4.5m，行驶电车时，最小净高为5.0m。

2.3.1.3 天桥桥下为非机动车道时，最小净高为3.5m，如有从道路两侧的建筑物内驶出的普通汽车需经桥下非机动车道通行时，其最小净高为4.0m。

2.3.1.4 天桥、梯道或坡道下面为人行道时，净高为2.5m，最小净高为2.3m。

2.3.1.5 考虑维修或改建道路可能提高路面标高时，其净高应适当提高。

2.3.2 地道的最小净高应符合下列规定：

2.3.2.1 地道通道的最小净高为2.5m。

2.3.2.2 地道梯道踏步中间位置的最小垂直净高为2.4m，坡道的最小垂直净高为2.5m，极限为2.2m。

2.3.3 天桥桥面净高应符合下列规定：

2.3.3.1 最小净高为2.5m。

2.3.3.2 各级架空电缆与天桥、梯（坡）道面最小垂直距离应符合表2.3.3规定。

天桥、梯道、坡道与各级电压电力线间最小垂直距离表　　表2.3.3

最小垂直距离(m)　线路电压(kV)　地区	配电线		送电线			
	1以下	1～10	35	60～110	154～220	330
居民区	6.0	6.5	7.0	7.0	7.5	8.5
非居民区	5.0	5.5	6.0	6.0	6.5	7.5

2.5.1 天桥与地道的结构应符合以下要求：

2.5.1.1 结构在制造、运输、安装和使用过程中，应具有规定的强度、刚度、稳定性和耐久性。

2.5.2 天桥上部结构，由人群荷载计算的最大竖向挠度，不应超过下列允许值：

梁板式主梁跨中 $L/600$；

梁板式主梁悬臂端 $L_1/300$；

桁架、拱 $L/800$。

注：L 为计算跨径；L_1 为悬臂长度。

2.5.4 为避免共振，减少行人不安全感，天桥上部结构竖向自振频率不应小于3Hz。

2.5.7 地道结构，以汽车荷载（不计冲击力）计算的最大挠度不应超过 $L/600$。

注：用平板挂车或履带车荷载验算时，上述允许挠度可增加20%。

2.6.1 天桥必须设桥下限高的交通标志。

2.6.4 当天桥上方的架空线距桥面不足安全距离时，为确保安全，桥上应设置安全防护罩，安全防护罩距桥面的距离不宜小于 2.5m。

2.6.6 在地道两端，应设置消火栓，配备消防器材。在长地道内，应按有关消防规范，设置消防措施和急救通讯装置。

2.6.8 天桥或地道结构不得敷设高压电缆、煤气管和其他可燃、易爆、有毒或有腐蚀性液（气）体管道过街。

3.1.11 栏杆水平推力水平荷载为 2.5kN/m，竖向荷载为 1.2kN/m，不与其他活载叠加。

3.4.5 栏杆扶手应符合下列规定：

3.4.5.1 栏杆高度不应小于 1.05m。

3.4.5.2 栏杆应以坚固、耐久的材料制作。

3.7.2 天桥的地基与基础，应保证具有足够的强度、稳定性及耐久性。

3.9.1 天桥的墩、柱应在墩边设防撞护栏。

3.9.5 挂有无轨电车馈电线的天桥，馈电线与天桥间应有双重绝缘设施，天桥应有接地设施。

4.2.4.2 地道内的装修材料应采用阻燃材料。

4.5.1 地道通道及梯道地面设计平均亮度（照度）不得小于 2.2nt（≈30 lx），应合理布设灯具，使照度均匀；地道进出口设计亮度（照度）不宜小于 2.2nt（≈30 lx）。

五、《公路桥涵设计通用规范》JGJ D60—2004（7条）

1.0.6 公路桥涵结构的设计基准期为 100 年。

1.0.9 按持久状况承载能力极限状态设计时，公路桥涵结构的设计安全等级，应根据结构破坏可能产生的后果的严重程度划分为三个设计等级，并不低于表 1.0.9 的规定。

公路桥涵结构的设计安全等级 表 1.0.9

设计安全等级	桥涵结构
一级	特大桥、重要大桥
二级	大桥、中桥、重要小桥
三级	小桥、涵洞

注：本表所列特大、大、中桥等系按本规范表 1.0.11 中的单孔跨径确定，对多跨不等跨桥梁，以其中最大跨径为准；本表冠以"重要"的大桥和小桥，系指高速公路上、国防公路上及城市附近交通繁忙公路上的桥梁。

对于有特殊要求的公路桥涵结构，其设计安全等级可根据具体情况研究确定。

同一桥涵结构构件的安全等级宜与整体结构相同，有特殊要求时可作部分调整，但调整后的级差不得超过一级。

4.1.2 公路桥涵设计时，对不同的作用应采用不同的代表值。

1 永久作用应采用标准值作为代表值。

2 可变作用应根据不同的极限状态分别采用标准值、频遇值或准永久值作为其代表值。承载能力极限状态设计及按弹性阶段计算结构强度时应采用标准值为可变作用的代表值。正常使用极限状态按短期效应（频遇）组合设计时，应采用频遇值为可变作用的代表值；按长期效应（准永久）组合设计时，应采用准永久值为可变作用的代表值。

3 偶然作用取其标准值为代表值。

4.1.6 公路桥涵结构按承载能力极限状态设计时，应采用以下两种作用效应组合：

1 基本组合。永久作用的设计值效应与可变作用设计值效应相结合，其效应组合表达式为：

$$\gamma_{o} S_{ud} = \gamma_{o} \left(\sum_{i=1}^{m} \gamma_{Gi} S_{Gik} + \gamma_{Q1} S_{Q1k} + \psi_{c} \sum_{j=2}^{n} \gamma_{Qj} S_{Qjk} \right)$$

或

$$\gamma_{o} S_{ud} = \gamma_{o} \left(\sum_{i=1}^{m} S_{Gid} + S_{Q1d} + \psi_{c} \sum_{j=2}^{n} S_{Qjd} \right)$$

式中 S_{ud}——承载能力极限状态下作用基本组合的效应组合设计值；

γ_{o}——结构重要性系数，按本规范表 1.0.9 规定的结构设计安全等级采用。对应于设计安全等级一级、二级和三级分别取 1.1、1.0 和 0.9；

γ_{Gi}——第 i 个永久作用效应的分项系数，应按表 4.1.6 的规定采用；

S_{Gik}、S_{Gid}——第 i 个永久作用效应的标准值和设计值；

γ_{Q1}——汽车荷载效应（含汽车冲击力、离心力）的分项系数，取 $\gamma_{Q1} = 1.4$。当某个可变作用在效应组合中其值超过汽车荷载效应时，则该作用取代汽车荷载，其分项系数应采用汽车荷载的分项系数；对专为承受某作用而设置的结构或装置，设计时该作用的分项系数取与汽车荷载同值；

S_{Q1k}、S_{Q1d}——汽车荷载效应（含汽车冲击力、离心力）的标准值和设计值；

γ_{Qj}——在作用效应组合中除汽车荷载效应（含汽车冲击力、离心力）、风荷载外的其他第 j 个可变作用效应（含本规范第 4.3.5 条规定的人行道板等局部构件和人行道栏杆上的可变作用效应）的分项系数，取 $\gamma_{Qj} = 1.4$，但风荷载的分项系数取 $\gamma_{Qj} = 1.1$；

S_{Qjk}、S_{Qjd}——在作用效应组合中除汽车荷载效应（含汽车冲击力、离心力）外的其他第 j 个可变作用效应的标准值和设计值；

ψ_c——在作用效应组合中除汽车荷载效应（含汽车冲击力、离心力）外的其他可变作用效应的组合系数。当永久作用与汽车荷载和人群荷载（或其他一种可变作用）组合时，人群荷载（或其他一种可变作用）的组合系数取 $\psi_c = 0.80$；当除汽车荷载（含汽车冲击力、离心力）外尚有两种其他可变作用参与组合时，其组合系数 $\psi_c = 0.70$；有三种可变作用参与组合时，其组合系数取 $\psi_c = 0.60$；有四种及多于四种的可变作用参与组合时，取 $\psi_c = 0.50$。

设计弯桥时，当离心力与制动力同时参与组合时，制动力标准值或设计值按 70% 取用。

2 偶然组合。永久作用标准值效应与可变作用某种代表值效应、一种偶然作用标准值效应相组合。偶然作用的效应分项系数取 1.0；与偶然作用同时出现的可变作用，可根据观测资料和工程经验取用适当的代表值。地震作用标准值及其表达式按《公路工程抗震设计规范》JTJ 004 规定采用。

永久作用效应的分项系数　　　　　　　　　　　表 4.1.6

编号	作 用 类 别		永久作用效应分项系数	
			对结构的承载能力不利时	对结构的承载能力有利时
1	混凝土和圬工结构重力（包括结构附加重力）		1.2	1.0
	钢结构重力（包括结构附加重力）		1.1～1.2	
2	预加力		1.2	1.0
3	土的重力		1.2	1.0
4	混凝土的收缩及徐变作用		1.0	1.0
5	土侧压力		1.4	1.0
6	水的浮力		1.0	1.0
7	基础变位作用	混凝土和圬工结构	0.5	0.5
		钢结构	1.0	1.0

注：1. 本表编号 1 中，当钢桥采用钢桥面板时，永久作用效应分项系数取 1.1；当采用混凝土桥面板时，取 1.2。

　　2. 计算圬工拱圈考虑徐变影响引起的温度和收缩作用的内力时，温度作用效应的分项系数取 0.7，收缩作用效应的分项系数取 0.45。

4.3.1 公路桥涵设计时，汽车荷载的计算图式、荷载等级及其标准值、加载方法和纵横向折减等应符合下列规定：

1 汽车荷载分为公路—Ⅰ级和公路—Ⅱ级两个等级。

2 汽车荷载由车道荷载和车辆荷载组成。车道荷载由均布荷载和集中荷载组成。桥梁结构的整体计算采用车道荷载；桥梁结构的局部加载、涵洞、桥台和挡土墙压力等的计算采用车辆荷载。车辆荷载与车道荷载的作用不得叠加。

3 各级公路桥梁设计的汽车荷载等级应符合表4.3.1-1的规定。

各级公路桥梁的汽车荷载 表 4.3.1-1

公路等级	高速公路	一	二	三	四
汽车荷载等级	公路—Ⅰ级	公路—Ⅰ级	公路—Ⅱ级	公路—Ⅱ级	公路—Ⅱ级

二级公路为干线公路且重型车辆多时，其桥涵的设计可采用公路—Ⅰ级汽车荷载。

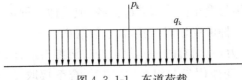

图 4.3.1-1 车道荷载

四级公路上重型车辆少时，其桥涵设计采用的公路—Ⅱ级车道荷载的效应可乘以0.8的折减系数，车辆荷载的效应可乘以0.7的折减系数。

4 车道荷载的计算图式示于图4.3.1-1。

1）公路—Ⅰ级车道荷载的均布荷载标准值为 $q_k=10.5\text{kN/m}$；集中荷载标准值 P_k 按以下规定选取：桥梁计算跨径小于或等于5m时，$P_k=180\text{kN}$；桥梁计算跨径等于或大于50m时，$P_k=360\text{kN}$；桥梁计算跨径在 $5\sim50\text{m}$ 之间时，P_k 值采用直线内插求得。计算剪力和反力时，上述荷载标准值应乘以1.2的系数。

2）公路—Ⅱ级车道荷载标准值 q_k 和 P_k 按公路—Ⅰ级的0.75倍采用。

3）车道荷载标准值应满布于使结构产生最不利效应的同号影响线上，集中荷载标准值则只作用于相应影响线中一个最大影响线峰值处。

5 车辆荷载的纵、平面尺寸示于图4.3.1-2，主要技术指标规定于表4.3.1-2。

公路—Ⅰ级和公路—Ⅱ级汽车荷载采用相同的车辆荷载标准值。

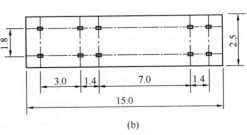

图 4.3.1-2 车辆荷载、平面尺寸
(a) 立面布置；(b) 平面尺寸

车辆荷载的主要技术指标 表 4.3.1-2

项 目	单 位	技术指标
车辆重力标准值	kN	550
前轴重力标准值	kN	30
中轴重力标准值	kN	20×120

续表

项　目	单　位	技术指标
后轴重力标准值	kN	20×140
轴距	m	3+1.4+7+14
轮距	m	1.8
前轮着地宽度及长度	m	0.3×0.2
中、后轮着地宽度及长度	m	0.6×0.2
车辆外形尺寸（长×宽）	m	15×2.5

6　车道荷载横向分布系数计算，应以设计车道数按图 4.3.1-3 布置车辆荷载。

7　桥涵设计车道数应符合表 4.3.1-3 的规定。多车道桥梁上的汽车荷载应考虑多车道折减。当桥涵设计车道数等于或大于 2 时，由汽车荷载产生的效应应按表 4.3.1-4 规定的多车道折减系数进行折减，但折减后的效应不得小于两设计车道的荷载效应。

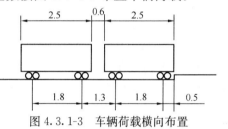

图 4.3.1-3　车辆荷载横向布置

桥涵设计车道数　　　　　表 4.3.1-3

行车道宽度 W（m）		桥涵设计车道数
车辆单向行驶时	车辆双向行驶时	
W<0.7		1
7.0≤W<10.5	6.0≤W<14.0	2
10.5≤W<14.0		3
14.0≤W<17.5	14.0≤W<21.0	4
17.5≤W<21.0		5
21.0≤W<24.5	21.0≤W<28.0	6
24.5≤W<28.0		7
28.0≤W<31.5	28.0≤W<35.0	8

横向折减系数　　　　　表 4.3.1-4

横向布置设计车道数	2	3	4	5	6	7	8
横向折减系数	1.00	0.78	0.67	0.60	0.55	0.52	0.50

8　大跨桥梁上的汽车荷载应考虑纵向折减。

当桥梁计算跨径大于 150m 时，应按表 4.3.1-5 规定的纵向折减系数进行折减。当为多跨连续结构时，整个结构均应按最大的计算跨径考虑汽车荷载效应的纵向折减。

纵向折减系数　　　　　表 4.3.1-5

计算跨径 L_0 (m)	纵向折减系数	计算跨径 L_0 (m)	纵向折减系数
150<L_0<400	0.97	800≤L_0<1000	0.94
400≤L_0<600	0.96	L_0≥1000	0.93
600≤L_0<800	0.95		

4.3.2 汽车荷载冲击力应按下列规定计算：

1 钢桥、钢筋混凝土及预应力混凝土桥、圬工拱桥等上部构造和钢支座、板式橡胶支座、盆式橡胶支座及钢筋混凝土柱式墩台，应计算汽车的冲击作用。

2 填料厚度（包括路面厚度）等于大于 0.5m 的拱桥、涵洞以及重力式墩台不计冲击力。

3 支座的冲击力，按相应的桥梁取用。

4 汽车荷载的冲击力标准值为汽车荷载标准值乘以冲击系数 μ。

5 冲击系数 μ 可按下式计算：

当 $f < 1.5\text{Hz}$ 时，$\mu = 0.05$

当 $1.5\text{Hz} \leqslant f \geqslant 14\text{Hz}$ 时，$\mu = 0.1767\ln f - 0.0157$

当 $f > 14\text{Hz}$ 时，$\mu = 0.45$

式中 f——结构基频（Hz）。

6 汽车荷载在 T 梁、箱梁悬臂板上的冲击系数采用 1.3。

4.3.5 人群荷载标准值按下列规定采用：

1 当桥梁计算跨径小于或等于 50m 时，人群荷载标准值为 3.0kN/m^2；当桥梁计算跨径等于或大于 150m 时，人群荷载标准值为 2.5kN/m^2；当桥梁计算跨径在 $50\sim150\text{m}$ 之间时，可由线性内插得到人群荷载标准值。对跨径不等的连续结构，以最大计算跨径为准。

城市郊区行人密集地区的公路桥梁，人群荷载标准值取上述规定值的 1.15 倍。

专用人行桥梁，人群荷载标准值为 $3.5\text{kN} \cdot \text{m}^2$。

2 人群荷载在横向布置在人行道的净宽度内，在纵向施加于使用主梁产生最不利荷载效应的区段内。

3 人行道板（局部构件）可以一块板为单元，按标准值 4.0kN/m^2 的均布荷载计算。

4 计算人行道栏杆时，作用在栏杆立柱顶上的水平推力标准值取 0.75kN/m；作用在栏杆扶手上的竖向力标准值取 1.0kN/m。

六、《公路钢筋混凝土及预应力混凝土桥涵设计规范》JTG D62—2004（10条）

3.1.3 混凝土轴心抗压强度标准值 f_{ck} 和轴心抗拉强度标准值 f_{tk} 应按表3.1.3采用。

混凝土强度标准值（MPa）　　　　　　　　表3.1.3

强度种类 强度等级	f_{ck}	f_{tk}	强度种类 强度等级	f_{ck}	f_{tk}
C15	10.0	1.27	C50	32.4	2.65
C20	13.4	1.54	C55	35.5	2.74
C25	16.7	1.78	C60	38.5	2.85
C30	20.1	2.01	C65	41.5	2.93
C35	23.4	2.20	C70	44.5	3.00
C40	26.8	2.40	C75	47.4	3.05
C45	29.6	2.51	C80	50.2	3.10

3.1.4 混凝土轴心抗压强度设计值 f_{cd} 和轴心抗拉强度设计值 f_{td} 应按表3.1.4采用。

混凝土强度标准值（MPa）　　　　　　　　表3.1.4

强度种类 强度等级	f_{ck}	f_{tk}	强度种类 强度等级	f_{ck}	f_{tk}
C15	6.9	0.88	C50	22.4	1.83
C20	9.2	1.06	C55	24.4	1.89
C25	11.5	1.23	C60	26.5	1.96
C30	13.8	1.39	C65	28.5	2.02
C35	16.1	1.52	C70	30.5	2.07
C40	18.4	1.65	C75	32.4	2.10
C45	20.5	1.74	C80	34.6	2.14

注：计算现浇钢筋混凝土轴心受压和偏心受压构件时，如截面的长边或直径小于300mm，表中数值应乘以系数0.8；当构件质量（混凝土成型、截面和轴线尺寸等）确有保证时，可不受此限。

3.2.2 钢筋的抗拉强度标准值应具有不小于95%的保证率。

普通钢筋的抗拉强度标准值 f_{sk} 和预应力钢筋的抗拉强度标准值 f_{pk}，应分别按表3.2.2-1和表3.2.2-2采用。

普通钢筋抗拉强度标准值（MPa）

表 3.2.2-1

钢筋种类	符号	f_{sk}	钢筋种类	符号	f_{sk}
R235 $d=8\sim20$	Φ	235	HRB400 $d=6\sim50$	Φ	400
HRB335 $d=6\sim50$	Φ	335	KL400 $d=8\sim40$	Φ^R	400

注：表中 d 系指国家标准中的钢筋公称直径。

预应力钢筋抗拉强度标准值（MPa）

表 3.2.2-2

钢 筋 种 类		符 号	f_{pk}
钢绞线	1×2 (二股) $d=8.0$、10.0 $d=12.0$	Φ^s	1470、1570、1720、1860 1470、1570、1720
	1×3 (三股) $d=8.6$、10.8 $d=12.9$		1470、1570、1720、1860 1470、1570、1720
	1×7 (七股) $d=9.5$、11.1、12.7 $d=15.2$		1860 1720、1860
消除应力钢丝	光面螺旋肋 $d=4$、5 $d=6$ $d=7$、8、9	Φ^P Φ^H	1470、1570、1670、1770 1570、1670 1470、1570
	刻痕 $d=5$、7	Φ^1	1470、1570
精轧螺纹钢筋	$d=40$ $d=18$、25、32	JL	540 540、785、930

注：表中 d 系指国家标准中钢绞线、钢丝的公称直径和精轧螺纹钢筋的公称直径。

3.2.3 普通钢筋的抗拉强度设计值 f_{sd} 和抗压强度设计值 f_{sd} 应按表 3.2.3-1 和抗压强设计值 f_{pd} 采用；预应力钢筋的抗拉强度设计值 f_{pd} 应按表 3.2.3-2 采用。

普通钢筋抗拉、抗压强度设计值（MPa）

表 3.2.3-1

钢 筋 种 类	f_{sd}	f'_{sd}
R235 $d=8\sim20$	195	195
HRB335 $d=6\sim50$	280	280
HRB400 $d=6\sim50$	330	330
KL400 $d=8\sim40$	330	330

注：1. 钢筋混凝土轴心受拉和小偏心受拉构件的钢筋抗拉强度设计值大于 330MPa 时，仍应按 330MPa 取用。

2. 构件中配有不同种类的钢筋时，每种钢筋应采用各自的强度设计值。

预应力钢筋抗拉、抗压强度设计值（MPa）

表 3.2.3-2

钢 筋 种 类	f_{sd}	f'_{sd}
钢绞线 1×2（二股） 1×3（三股） 1×7（七股）	$f_{pk}=1470$ → 1000 $f_{pk}=1570$ → 1070 $f_{pk}=1720$ → 1170 $f_{pk}=1860$ → 1260	39

续表

钢　筋　种　类		f_{sd}	f'_{sd}
消除应力光面钢丝 和螺旋肋钢丝	$f_{pk}=1470$	1000	410
	$f_{pk}=1570$	1070	
	$f_{pk}=1670$	1140	
	$f_{pk}=1770$	1200	
消除应力刻痕钢丝	$f_{pk}=1470$	1000	410
	$f_{pk}=1570$	1070	
精轧螺纹钢筋	$f_{pk}=540$	450	400
	$f_{pk}=785$	650	
	$f_{pk}=930$	770	

5.1.5　桥梁构件的承载能力极限状态计算，应采用下列表达式：

$$\gamma_0 S \leqslant R$$

$$R = R(f_d, a_d) \tag{5.1.5-2}$$

式中　γ_0——桥梁结构的重要性系数，按公路桥涵的设计安全等级，一级、二级、三级分别取 1.1、1.0、0.9；桥梁的抗震设计不考虑结构的重要性系数；

S——作用（或荷载）（其中汽车荷载应计入冲击系数）效应的组合设计值，当进行预应力混凝土连续梁等超静定结构的承载能力极限状态计算时，公式（5.1.5-1）中的作用（或荷载）效应项应改为 $\gamma_0 S + \gamma_p S_p$，其中 S_p 为预应力（扣除全部预应力损失）引起的次效应，γ_p 为预应力分项系数，当预应力效应对结构有利时，取 $\gamma_p = 1.0$；对结构不利时，取 $\gamma_p = 1.2$；

R——构件承载力设计值；

$R(\cdot)$——构件承载力函数；

f_d——材料强度设计值；

a_d——几何参数设计值，当无可靠数据时，可采用几何参数标准值 a_k，即设计文件规定值。

6.3.1　预应力混凝土受弯构件应按下列规定进行正截面和斜截面抗裂验算：

1　正截面抗裂应对构件正截面混凝土的拉应力进行验算，并应符合下列要求：

1）全预应力混凝土构件，在作用（或荷载）短期效应组合下

预制构件　　　　　　　　　　$\delta_{st} - 0.85\delta_{pc} \leqslant 0$

分段浇筑或砂浆接缝的纵向分块构件

$$\delta_{st} - 0.80\delta_{pc} \leqslant 0$$

2）A 类预应力混凝土构件，在作用（或荷载）短期效应组合下

$$\delta_{st} - \delta_{pc} \leqslant 0.7 f_{tk}$$

但在荷载长期效应组合下

$$\delta_{lt} - \delta_{pc} \leqslant 0$$

2　斜截面抗裂应对构件斜截面混凝土的主拉应力 δ_{tp} 进行验算，并应符合下列要求：

1）全预应力混凝土构件，在作用（或荷载）短期效应组合下

预制构件 $\delta_{tp} \leqslant 0.6 f_{tk}$

现场浇筑（包括预制拼装）构件 $\delta_{tp} \leqslant 0.4 f_{tk}$

2）A 类和 B 类预应力混凝土构件，在作用（或荷载）短期效应组合下

预制构件 $\delta_{tp} \leqslant 0.7 f_{tk}$

现场浇筑（包括预制拼装）构件 $\delta_{tp} \leqslant 0.5 f_{tk}$

式中 δ_{st} ——在作用（或荷载）短期效应组合下构件抗裂验算边缘混凝土的法向拉应力，按本规范公式（6.3.2-1）计算；

δ_{lt} ——在荷载长期效应组合下构件抗裂验算边缘混凝土的法向拉应力，按本规范公式（6.3.2-2）计算；

δ_{pc} ——扣除全部预应力损失后的预加力在构件抗裂验算边缘产生的混凝土预压应力，按本规范第 6.1.5 条规定计算；

δ_{tp} ——由作用（或荷载）短期效应组合和预加力产生的混凝土主拉应力，按本规范第 6.3.3 条规定计算；

f_{tk} ——混凝土的抗拉强度标准值，按本规范表 3.1.3 采用。

注：

1. 本条规定的荷载长期效应组合系指结构自重和直接施加于桥上的活荷载产生的效应组合，不考虑间接施加于桥上的其他作用效应；

2. B 类预应力混凝土受弯构件在结构自重作用下控制截面受拉边缘不得消压。

9.1.1 普通钢筋和预应力直线形钢筋的最小混凝土保护层厚度（钢筋外缘或管道外缘至混凝土表面的距离）不应小于钢筋公称直径，后张法构件预应力直线形钢筋不应小于其管道直径的 1/2，且应符合表 9.1.1 的规定。

普通钢筋和预应力直线形钢筋最小混凝土保护层厚度（mm）　　　　表 9.1.1

序号	构 件 类 别	环境条件		
		Ⅰ	Ⅱ	Ⅲ、Ⅳ
1	基础、桩基承台（1）基坑底面有垫层或侧面有模板（受力钢筋）；（2）基坑底面无垫层或侧面无模板	40 60	50 75	60 85
2	墩台身、挡土结构、涵洞、梁、板、拱圈、拱上建筑（受力主筋）	30	40	45
3	人行道构件、栏杆（受力主筋）	20	25	30
4	箍筋	20	25	30
5	缘石、中央分隔带、护栏等行车道构件	30	40	45
6	收缩、温度、分布、防裂等表层钢筋	15	20	25

注：对于环氧树脂涂层钢筋，可按环境类别Ⅰ取用。

9.1.12 钢筋混凝土构件中纵向受力钢筋的最小配筋百分率应符合下列要求：

1 轴心受压构件、偏心受压构件全部纵向钢筋的配筋百分率不应小于 0.5，当混凝土强度等级 C50 及以上时不应小于 0.6；同时，一侧钢筋的配筋百分率不应小于 0.2。当大偏心受拉构件的受压区配置按计算需要的受压钢筋时，其配筋百分率不应小于 0.2。

2 受弯构件、偏心受拉构件及轴心受拉构件的一侧受拉钢筋的配筋百分率不应小于

$45f_{td}/f_{sd}$，同时不应小于 0.20。

　　轴心受压构件、偏心受压构件全部纵向钢筋的配筋百分率和一侧纵向钢筋（包括大偏心受拉构件受压钢筋）的配筋百分率应按构件的毛截面面积计算。轴心受拉构件及小偏心受拉构件一侧受拉钢筋的配筋百分率应按构件毛截面面积计算。受弯构件、大偏心受拉构件的一侧受拉钢筋的配筋百分率为 $100A_s/bh_0$，其中 A_s 为受拉钢筋截面面积，b 为腹板宽度（箱形截面梁为各腹板宽度之和），h_0 为有效高度。当钢筋沿构件截面周边布置时，"一侧的受压钢筋"或"一侧的受拉钢筋"系指受力方向两个对边中的一边布置的纵向钢筋。

　　预应力混凝土受弯构件最小配筋率应满足下列条件：

$$\frac{M_{ud}}{M_{cr}} \geqslant 1.0$$

式中　M_{ud}——受弯构件正截面抗弯承载力设计值，按本规范第 5.2.2 条、第 5.2.3 条和第 5.2.5 条有关公式的等号右边式子计算；

　　　　M_{cr}——受弯构件正截面开裂弯矩值，按本规范公式（6.5.2-6）计算。

　　部分预应力混凝土受弯构件中普通受拉钢筋的截面面积，不宜小于 $0.003bh_0$。

9.4.1　预应力混凝土梁当设置竖向预应力钢筋时，其纵向间距宜为 500～1000mm。

　　预应力混凝土 T 形、I 形截面梁和箱形截面梁腹板内应分别设置直径不小于 10mm 和 12mm 的箍筋，且应采用带肋钢筋，间距不应大于 250mm；自支座中心起长度不小于一倍梁高范围内，应采用闭合式箍筋，间距不应大于 100mm。

　　在 T 形、I 形截面梁下部的马蹄内，应另设直径不小于 8mm 的闭合式箍筋，间距不应大于 200mm。此外，马蹄内尚应设直径不小于 12mm 的定位钢筋。

9.8.2　预制构件的吊环必须采用 R235 钢筋制作，严禁使用冷加工钢筋。每个吊环按两肢截面计算，在构件自重标准值作用下，吊环的拉应力不应大于 50MPa。当一个构件设有四个吊环时，设计时仅考虑三个吊环同时发挥作用。吊环埋入混凝土的深度不应小于 35 倍吊环直径，端部应做成 180°弯钩，且应与构件内钢筋焊接或绑扎。吊环内直径不应小于三倍钢筋直径，且不应小于 60mm。

七、《公路桥涵地基与基础设计规范》 JTG D63—2007（6条）

4.1.1 桥涵墩台基础（不包括桩基础）基底埋置深度应符合下列规定：

2 上部为外超静定结构的桥涵基础，其地基为冻胀土层时，应将基底埋入冻结线以下不小于0.25m。

5 涵洞基础，在无冲刷处（岩石地基除外），应设在地面或河床底以下埋深不小于1m处；如有冲刷，基底埋深应在局部冲刷线以下不小于1m；如河床上有铺砌层时，基础底面宜设置在铺砌层顶面以下不小于1m。

6 非岩石河床桥梁墩台基底埋深安全值可按表4.1.1-6确定。

基底埋深安全值（m）   表4.1.1-6

总冲刷深度（m） 桥梁类别	0	5	10	15	20
大桥、中桥、小桥（不铺砌）	1.5	2.0	2.5	3.0	3.5
特大桥	2.0	2.5	3.0	3.5	4.0

注：1. 总冲刷深度为自河床面算起的河床自然演变冲刷、一般冲刷与局部冲刷深度之和。

2. 表列数值为墩台基底埋入总冲刷深度以下的最小值；若对设计流量、水位和原始断面资料无把握或不能获得河床演变准确资料时，其值宜适当加大。

3. 若桥位上下游有已建桥梁，应调查已建桥梁的特大洪水冲刷情况，新建桥梁墩台基础埋置深度不宜小于已建桥梁的冲刷深度且酌加必要的安全值。

4. 如河床上有铺砌层时，基础底面宜设置在铺砌层顶面以下不小于1m。

4.4.3 验算墩台抗倾覆和抗滑动的稳定性时，稳定性系数不应小于表4.4.3的规定。

抗倾覆和抗滑动的稳定性系数   表4.4.3

作 用 组 合		验算项目	稳定性系数
使用阶段	永久作用（不计混凝土收缩及徐变、浮力）和汽车、人群的标准值效应组合	抗倾覆	1.5
		抗滑动	1.3
	各种作用（不包括地震作用）的标准值效应组合	抗倾覆	1.3
		抗滑动	1.2
施工阶段作用的标准值效应组合		抗倾覆 抗滑动	1.2

5.2.2 混凝土桩。

1 桩身混凝土强度等级：钻（挖）孔桩、沉桩不应低于C25；管桩填芯混凝土不应低于C15。

7.1.2 地下连续墙支护结构的设计安全等级及结构重要性系数应根据支护结构破坏、土体失稳或过大变形对基坑周边环境及地下结构施工造成影响的严重性按表 7.1.2 选用。

支护结构安全等级及重要性系数 表 7.1.2

安全等级	破坏后果	γ_0
一级	很严重	1.1
二级	严重	1.0
三级	不严重	0.9

地下连续墙基础的设计安全等级及结构重要性系数应与桥梁整体结构一致。

7.2.1 基坑支护结构应保证岩土开挖、地下结构施工的安全。

7.2.4 支护结构的支撑必须采用稳定的结构体系和连接构造，刚度应满足变形要求。

八、《公路桥涵钢结构及木结构设计规范》
JTJ 025—86 （8 条）

1.2.5 钢材的容许应力规定如表 1.2.5。

钢材的容许应力（MPa）   表 1.2.5

应 力 种 类	钢 号						
	A3	16Mn	ZG25II	ZG35II	ZG45II	45 号钢	35 号锻钢
轴向应力 [σ]	140	200	130	150	170	210	—
弯曲应力 [σ$_w$]	145	210	135	155	180	220	220
剪应力 [τ]	85	120	80	90	100	125	110
端部承压应力（磨光顶紧）	210	300	—	—	—	—	—
紧密接触的承压应力（接触圆弧中心角为 2×45°）	70	100	65	75	85	105	105
自由接触的承压应力	5.5	8.0	5.0	6.0	7.0	8.5	8.5
节点销子的孔壁承压应力	210	300	195	225	255	—	180
节点销子的弯应力	240	340	—	—	—	360	—

注：1. 表列 16Mn 钢的容许应力与屈服点 340MPa 对应；如按国标（GB）1591—79 的规定，由于厚度影响，屈服点有变动时，各类容许应力可按屈服点的比例予以调整。
2. 验算紧密接触和自由接触的承压应力时，其面积取枢轴或辊轴的直径及其长度的乘积。其容许承压应力取两接触钢材中强度较低者。
3. 节点销子的孔壁容许承压应力系指被连接件钢材的孔壁承压应力；节点销子的容许弯应力仅适用于被连接构件之间只有极小缝隙的情况。

1.2.10 容许应力的提高系数

验算结构在各种荷载作用下的强度和稳定性时，基本钢材和各种连接件的容许应力应乘以表 1.2.10 的提高系数 k。

容许应力的提高系数   表 1.2.10

构造物性质	荷载组合	k
永久性结构	组合 I	1.0
	组合 II、III、IV	1.25
	组合 V	1.30～1.4
临时性结构	组合 I	1.30
	组合 II、III、IV、V	1.40

注：节点销子的容许弯应力在任何荷载作用下，均不得提高。

1.2.12 桥跨结构在施工架设时期应保证横向和纵向的倾覆稳定性。稳定系数应不小于 1.3。

1.2.17 凡承受动应力的结构构件或连接件，应进行疲劳验算。

以压为主兼受拉力的构件，在验算疲劳强度的同时，还应验算构件的总稳定性。

1.2.19 杆件容许最大长细比规定如表 1.2.19。

杆件容许最大长细比 表 1.2.19

杆 件		长细比
主桁杆件	受压弦杆 受压或受压－拉腹杆	100
	仅受拉力的弦杆	130
	仅受拉力的腹杆	180
联结系杆件	纵向联结系、支点处横向联结系和制动联结系的受压或受压－拉杆件	130
	中间横向联结系的受压或受压－拉杆件	150
	各种联结系的受拉杆件	200

1.3.16 螺栓或铆钉连接的布置，应与构件的轴线对称，避免偏心。螺栓或铆钉的距离应符合表 1.3.16 的规定。

螺栓的容许距离 表 1.3.16

名 称	位 置 和 方 向		杆力种类	容许距离	
				最大的	最小的
中心间距	沿对角线方向		拉力或压力	—	$3.5d_0$
				$7d_0$ 或 $16t$ 中的较小者	$3d_0$
	靠边行列	在板上或角钢上		$24t$	
	中间行列	垂直内力方向	拉力	$24t$	
		顺内力方向	压力	$16t$	
中心至杆件边缘距离	机切或焰割	顺内力方向或沿对角线方向	拉力或压力	$8t$ 或 120mm 中的较小者	$2d_0$
	滚压边或刨边				$1.5d_0$
	机切或焰割	垂直内力方向			$1.5d_0$
	滚压边或刨边				$1.3d_0$

注：1. 表中符号 d_0 为螺栓的孔径，t 为栓合部分外层较薄钢板或型钢厚度。
　　2. 表中所列"靠边行列"系指沿板边一行的螺栓线；对于角钢，距角钢背最近一行的螺栓线也作为"靠边行列"。
　　3. 有角钢镶边的翼肢上交叉排列的螺栓，其靠边行列最大中心间距可取 $14d_0$ 或 $32t$ 中较小者。
　　4. 由两个有角钢或两个槽钢中间夹以垫板（或垫圈）并用螺栓连接组成的构件，顺内力方向的螺栓之间的最大中距，对于受压或受压－拉构件规定为 $40r$，但不应大于 160mm；对于受拉构件规定为 $80r$，但不应大于 240mm。其中 r 为一个角钢或槽钢绕平行于垫板或垫圈所在平面轴线的回转半径。

1.3.22 在销接接头中，带销孔的受拉杆件其销孔各部尺寸应符合下列规定：

一、垂直受力方向销孔直径处的净截面积应比杆件计算所需的面积大 40%；

二、由销孔边至杆端的截面积应不小于杆件的计算截面积。

注：腹杆端部如用钢板加强时，在销孔中线每边连接钢板的焊缝长度，应与此项钢板的净截面积做等强度计算。

1.5.2 不得将各种辅助构件（如拉杆、人行道托梁及管道托架等）直接焊在主桁弦杆上或主梁翼缘上。不得在板梁的受拉翼缘上布置横向角焊缝。

九、《公路工程抗震设计规范》JTJ 004—89（13条）

1.0.4 对构造物的地震作用，应根据路线等级及构造物的重要性和修复（抢修）的难易程度，按表1.0.4进行修正。

重要性修正系数 C_i 表 1.0.4

路线等级及构造物	重要性修正系数 C_i
高速公路和一级公路上的抗震重点工程	1.7
高速公路和一级公路的一般工程、二级公路上的抗震重点工程、二、三级公路上桥梁的梁端支座	1.3
二级公路的一般工程、三级公路上的抗震重点工程	1.0
三级公路的一般工程、四级公路上的抗震重点工程	0.6

注：1. 位于基本烈度为9度地区的高速公路和一级公路上的抗震重点工程，其重要性修正系数也可采用1.5。

    2. 抗震重点工程系指特大桥、大桥、隧道和破坏后修复（抢修）困难的路基、中桥和挡土墙等工程。一般工程系指非重点的路基、中小桥和挡土墙等工程。

1.0.6 立体交叉的跨线工程，其抗震设计不应低于下线工程的要求。

1.0.7 验算构造物地基作用时，水平地震系数 K_h 应按表1.0.7采用。
竖向地震系数 K_v 取 $K_h/2$ 值。

水平地震系数 K_h 表 1.0.7

基本烈度（度）	7	8	9
水平地震系数 K_h	0.1	0.2	0.4

3.1.2 路基应按表3.1.2规定的范围和要求，验算其抗震稳定性。

3.1.4 挡土墙应按表3.1.4规定的范围和要求验算其抗震强度和稳定性。

路基抗震稳定性验算范围和要求   表 3.1.2

公 路 等 级			高速公路及一、二级公路			三、四级公路
项 目		基本烈度（度）	7	8	9	9
岩石、非液化土及非软土的地基上的路堤	非浸水	用岩块及细粒土（粉性土、有机质土除外）填筑	不验算	$H>20$ 验算	$H>15$ 验算	$H>20$ 验算
		用粗粒土（极细砂、细砂除外）填筑	不验算	$H>12$ 验算	$H>6$ 验算	$H>12$ 验算
	浸水	用渗水性土填筑	不验算	$H_w>3$ 验算	$H_w>2$ 验算	水库地区 $H_w>3$ 验算
		地面横坡大于1:3的路堤	不验算	验算	验算	验算
路 堑		黏性土、黄土、碎石类土	一般不验算	$H>20$ 验算	$H>15$ 验算	$H>20$ 验算

续表

公 路 等 级		高速公路及一、二级公路			三、四级公路
项 目	基本烈度（度）	7	8	9	9
路基边坡	$H \leq 20$	≥1.10			≥1.05
稳定系数	$H > 20$	≥1.15			

注：1. H 为路基边坡高度（m）；
　　2. H_w 为路堤浸水常水位的深度（m）。

挡土墙抗震稳定性验算范围和要求　　　　　　　表 3.1.4

公 路 等 级		高速公路及一、二级公路			三、四级公路
项 目	基本烈度（度）	7	8	9	9
岩石、非液化土及非软土地基	非浸水	不验算	$H>4$ 验算	验算	验算
	浸水	不验算	验算	验算	验算
液化土及软土地基		验算	验算	验算	验算
抗滑动稳定系数 K_c		≥1.1			
抗倾覆稳定系数 K_0		≥1.2			

注：H 为挡土墙墙趾至墙顶面的高度（m）。

4.1.4　验算桥梁的抗震强度和稳定性时，地震荷载应与结构重力、土的重力和水的浮力相组合，其他荷载可不考虑。

4.1.5　计算桥梁地震荷载时，应分别考虑顺桥和横桥两个方向的水平地震荷载。对于位于基本烈度为 9 度区的大跨径悬臂梁桥，还应考虑上、下两个方向竖向地震荷载和水平地震荷载的不利组合。

4.1.6　常年有水的河流上的桥梁，应按常水位计算水的浮力；位于常水位水深超过 5m 的实体桥墩、空心桥墩的抗震设计，应计入地震动水压力。

4.1.7　梁桥下部结构的抗震设计，应考虑上部结构的地震荷载。其作用点的位置，顺桥向为支座顶面；横桥向为上部结构质量重心。

4.1.8　位于非岩石地基上的梁桥桥墩抗震设计，应计入地基变形的影响。

5.2.1　隧道应按表 5.2.1 的规定范围，验算其抗震强度和稳定性。

隧道抗震强度和稳定性验算范围　　　　　　　表 5.2.1

公 路 等 级		高速公路及一、二级公路		三、四级公路	
基 本 烈 度		7	8、9	7	8、9
工程项目	洞门墙及洞口挡土墙	不验算	验算	不验算	验算
	单车道Ⅰ～Ⅲ类围岩	—	—	不验算	验算
洞口浅埋和偏压地段隧道衬砌	双车道Ⅰ、Ⅱ类围岩	验算	验算	验算	验算
	双车道Ⅲ、Ⅳ类围岩	不验算	验算	不验算	验算
明 洞	单车道	—	—	不验算	验算
	双车道	验算	验算	验算	验算

注：围岩分类按现行的《公路隧道勘测规程》JTJ 063—85 的规定执行。

5.3.3　隧道的洞口浅埋和偏压地段，应为抗震设防地段。

5.3.6　棚式明洞应采取防止落梁的措施。

十、《公路圬工桥涵设计规范》JTG D61—2005（8条）

3.2.1 公路圬工桥涵结构物所使用的材料的最低强度等级应符合表 3.2.1 的规定。

圬工材料的最低强度等级   表 3.2.1

结构物种类	材料最低强度等级	砌筑砂浆最低强度等级
拱圈	MU50 石材 C25 混凝土（现浇） C30 混凝土（预制块）	M10（大、中桥） M7.5（小桥涵）
大、中桥墩台及基础，轻型桥台	MU40 石材 C25 混凝土（现浇） C30 混凝土（预制块）	M7.5
小桥涵墩台、基础	MU30 石材 C20 混凝土（现浇） C25 混凝土（预制块）	M5

3.3.1 石材强度设计值应按表 3.3.1 的规定采用。

石材强度设计值（MPa）   表 3.3.1

强度等级 强度类别	MU120	MU100	MU80	MU60	MU50	MU40	MU30
轴心抗压 f_{cd}	31.78	26.49	21.19	15.89	13.24	10.59	7.95
弯曲抗拉 f_{tmd}	2.18	1.82	1.45	1.09	0.91	0.73	0.55

3.3.2 混凝土强度设计值应按表 3.3.2 规定采用。

混凝土强度设计值（MPa）   表 3.3.2

强度等级 强度类别	C40	C35	C30	C25	C20	C15
轴心抗压 f_{cd}	15.64	13.69	11.73	9.78	7.82	5.87
弯曲抗拉 f_{tmd}	1.24	1.14	1.04	0.92	0.80	0.66
直接抗剪 f_{vd}	2.48	2.28	2.09	1.85	1.59	1.32

3.3.3 砂浆砌体抗压强度设计值规定如下：

  1 混凝土预制块砂浆砌体轴心抗压强度设计值 f_{cd} 应按表 3.3.3-1 的规定采用。

混凝土预制块砂浆砌体轴心抗压强度设计值 f_{cd}（MPa）　　　　表 3.3.3-1

砌块强度等级	砂浆强度等级					砂浆强度
	M20	M15	M10	M7.5	M5	0
C40	8.25	7.04	5.84	5.24	4.64	2.06
C35	7.71	6.59	5.47	4.90	4.34	1.93
C30	7.14	6.10	5.06	4.54	4.02	1.79
C25	6.52	5.57	4.62	4.14	3.67	1.63
C20	5.83	4.98	4.13	3.70	3.28	1.46
C15	5.05	4.31	3.58	3.21	2.84	1.26

2 块石砂浆砌体轴心抗压强度设计值 f_{cd} 应按表 3.3.3-2 的规定采用。

块石砂浆砌体的轴心抗压强度设计值 f_{cd}（MPa）　　　　表 3.3.3-2

砌块强度等级	砂浆强度等级					砂浆强度
	M20	M15	M10	M7.5	M5	0
MU120	8.42	7.19	5.96	5.35	4.73	2.10
MU100	7.68	6.56	5.44	4.88	4.32	1.92
MU80	6.87	5.87	4.87	4.37	3.86	1.72
MU60	5.95	5.08	4.22	3.78	3.35	1.49
MU50	5.43	4.64	3.85	3.45	3.05	1.36
MU40	4.86	4.15	3.44	3.09	2.73	1.21
MU30	4.21	3.59	2.98	2.67	2.37	1.05

注：对各类石砌体，应按表中数值分别乘以下列系数：细料石砌体为1.5；半细料石砌体为1.3；粗料石砌体为
　　1.2；干砌块石砌体可采用砂浆强度为零时的抗压强度设计值。

3 片石砂浆砌体轴心抗压强度设计值 f_{cd} 应按表 3.3.3-3 的规定采用。

片石砂浆砌体的轴心抗压强度设计值 f_{cd}（MPa）　　　　表 3.3.3-3

砌块强度等级	砂浆强度等级					砂浆强度
	M20	M15	M10	M7.5	M5	0
MU120	1.97	1.68	1.39	1.25	1.11	0.33
MU100	1.80	1.54	1.27	1.14	1.01	0.30
MU80	1.61	1.37	1.14	1.02	0.90	0.27
MU60	1.39	1.19	0.99	0.88	0.78	0.23
MU50	1.27	1.09	0.90	0.81	0.71	0.21
MU40	1.14	0.97	0.81	0.72	0.64	0.19
MU30	0.98	0.84	0.70	0.63	0.55	0.16

注：干砌片石砌体可采用砂浆强度为零时的轴心抗压强度设计值。

4 各类砂浆砌体的轴心抗拉强度设计值 f_{td}、弯曲抗拉强度设计值 f_{tmd} 和直接抗剪强度设计值 f_{vd} 应按表 3.3.3-4 的规定采用。

砂浆砌体轴心抗拉、弯曲抗拉和直接抗剪强度设计值（MPa） 表 3.3.3-4

强度类别	破坏特征	砌体种类	砂浆强度等级				
			M20	M15	M10	M7.5	M5
轴心抗拉 f_{td}	齿缝	规则砌块砌体	0.104	0.090	0.073	0.063	0.052
		片石砌体	0.096	0.083	0.068	0.059	0.048
弯曲抗拉 f_{tmd}	齿缝	规则砌块砌体	0.122	0.105	0.086	0.074	0.061
		片石砌体	0.145	0.125	0.102	0.089	0.072
	通缝	规则砌块砌体	0.084	0.073	0.059	0.051	0.042
直接抗剪 f_{vd}	—	规则砌块砌体	0.104	0.090	0.073	0.063	0.052
		片石砌体	0.241	0.208	0.170	0.147	0.120

注：1. 砌体龄期为 28d。
  2. 规则砌块砌体包括：块石砌体、粗料石砌体、半细料石砌体、细料石砌体、混凝土预制块砌体。
  3. 规则砌块砌体在齿缝方向受剪时，系通过砌块和灰缝剪破。

5 施工阶段砂浆尚未硬化的新砌砌体的强度，可按砂浆强度为零进行验算。

3.3.4 小石子混凝土砌块石、片石砌体强度设计值应分别按表 3.3.4-1 和表 3.3.4-2 及表 3.3.4-3 的规定采用。

小石子混凝土砌块石砌体轴心抗压强度 f_{cd} 设计值（MPa） 表 3.3.4-1

石材强度等级	小石子混凝土强度等级					
	C40	C35	C30	C25	C20	C15
MU120	13.86	12.69	11.49	10.25	8.95	7.59
MU100	12.65	11.59	10.49	9.35	8.17	6.93
MU80	11.32	10.36	9.38	8.37	7.31	6.19
MU60	9.80	9.98	8.12	7.24	6.33	5.36
MU50	8.95	8.19	7.42	6.61	5.78	4.90
MU40	—	—	6.63	5.92	5.17	4.38
MU30	—	—	—	—	4.48	3.79

注：砌块为粗料石时，轴心抗压强度为表值乘 1.2；砌块为细料石时、半细料石时，轴心抗压强度为表值乘 1.4。

小石子混凝土砌片石砌体轴心抗压强度设计值 f_{cd}（MPa） 表 3.3.4-2

石材强度等级	小石子混凝土强度等级			
	C30	C25	C20	C15
MU120	6.94	6.51	5.99	5.36
MU100	5.30	5.00	4.63	4.17
MU80	3.94	3.74	3.49	3.17
MU60	3.23	3.09	2.91	2.67
MU50	2.88	2.77	2.62	2.43
MU40	2.50	2.42	2.31	2.16
MU30	—	—	1.95	1.85

小石子混凝土砌块石、片石砌体的轴心抗拉、
弯曲抗拉和直接抗剪强度设计值（MPa）　　　　表 3. 3. 4-3

强度类别	破坏特征	砌体种类	小石子混凝土强度等级					
			C40	C35	C30	C25	C20	C15
轴心抗拉 f_{td}	齿缝	块石砌体	0.285	0.267	0.247	0.226	0.202	0.175
		片石砌体	0.425	0.398	0.368	0.336	0.301	0.260
弯曲抗拉 f_{tmd}	齿缝	块石砌体	0.335	0.313	0.290	0.265	0.237	0.205
		片石砌体	0.493	0.461	0.427	0.387	0.349	0.300
	通缝	块石砌体	0.232	0.217	0.201	0.183	0.164	0.142
直接抗剪 f_{vd}	—	块石砌体	0.285	0.267	0.247	0.226	0.202	0.175
		片石砌体	0.425	0.398	0.368	0.336	0.301	0.260

注：对其他规则砌块砌体强度值为表内块石砌体强度值乘以下列系数：粗料石砌体 0.7，细料石、半细料石砌体 0.35。

4.0.3　圬工桥涵结构的承载能力极限状态，应按表 4.0.3 规定的设计安全等级进行设计。

公路圬工桥涵结构设计安全等级　　　　表 4.0.3

设计安全等级	桥涵结构
一级	特大桥、重要大桥
二级	大桥、中桥、重要小桥
三级	小桥、涵洞

注：本表所列特大、大、中桥等系指《公路桥涵设计通用规范》JTG D60—2004 规定的桥梁、涵洞，按其单孔跨径分类确定，对多孔不等跨桥梁，以其中最大跨径为准。本表冠以"重要"的大桥和小桥，系指高速公路和一级公路上、国防公路上及城市附近交通繁忙公路上的桥梁。

4.0.4　公路圬工桥涵结构按承载能力极限状态设计时，应采用下列表达式：

$$\gamma_0 S \leqslant R(f_d, a_d) \qquad (4.0.4)$$

式中　γ_0——结构重要性系数，对应于表 4.0.3 规定的一级、二级、三级设计安全等级分别取用 1.1、1.0、0.9；

　　S——作用效应组合设计值，按《公路桥涵设计通用规范》JTG D60—2004 的规定计算；

　$R(\cdot)$——构件承载力设计值函数；

　　f_d——材料强度设计值；

　　a_d——几何参数设计值，可采用几何参数标准值 a_k，即设计文件规定值。

5.3.4　预制构件的吊环应采用 R235 钢筋制作，严禁使用冷加工钢筋。每个吊环按两肢截面计算，在构件自重标准值作用下，吊环应力不应大于 50MPa。当一个构件设有四个吊环时，设计仅考虑三个吊环同时发挥作用。吊环埋入混凝土的深度不应小于 35 倍吊环钢筋直径，端部应做成 180°弯钩，且与构件内钢筋焊接或绑扎。吊环内直径不应小于 3 倍钢筋直径，且不应小于 60mm。

十一、《公路路线设计规范》JTG D20—2006（5条）

6.6.1 公路建筑限界是为了保证公路上规定的车辆正常运行与安全，在一定宽度和高度范围内，不得有任何障碍物侵入的空间范围。

在公路横断面设计中，公路标志、护栏、照明灯柱、电杆、管线、绿化、行道树以及跨线桥的梁底、桥台、桥墩等的任何部分不得侵入公路建筑限界之内。

6.6.2 各级公路的建筑限界规定如图6.6.2。

（1）当设置加（减）速车道、爬坡车道、慢车道、紧急停车带、错车道时，建筑限界应包括该部分的宽度。

（2）八车道及其以上整体式路基的高速公路，设置左侧硬路肩时，建筑限界应包括相应部分的宽度，如图6.6.2（b）所示。

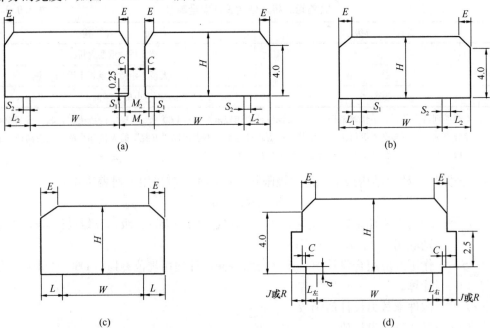

图6.6.2 建筑限界（尺寸单位：m）

（a）高速公路、一级公路（整体式）；

（b）高速公路、一级公路（分离式）；（c）二、三、四级公路；（d）公路隧道

W—行车道宽度；L_1—左侧硬路肩宽度；L_2—右侧硬路肩宽度；S_1—左侧路缘带宽度；S_2—右侧路缘带宽度；L—侧向宽度：高速公路、一级公路的侧向宽度为硬路肩宽度（L_1 或 L_2）；二、三、四级公路的侧向宽度为路肩宽度减去0.25m；C—当设计速度大于100km/h时为0.5m，等于或小于100km/h时为0.25m；M_1—中间带宽度；M_2—中央分隔带宽度；J—隧道内检修道宽度；R—隧道内人行道宽度；d—隧道内检修道或人行道高度；E—建筑限界顶角宽度：当 $L \leqslant 1$m 时，$E=L$；当 $L>1$m 时，$E=1$m；H—净空高度。

（3）隧道最小侧向宽度规定如表 6.6.2。

隧道最小侧向宽度　　　　表 6.6.2

设计速度 （km/h）	高速公路			一级公路			二级公路		三级公路		四级公路
	120	100	80	100	80	60	80	60	40	30	20
左侧侧向宽度 $L_{左}$（m）	0.75	0.50	0.50	0.50	0.50	0.50	0.75	0.50	0.25	0.25	0.50
右侧侧向宽度 $L_{右}$（m）	1.25	1.00	0.75	1.00	0.75	0.75	0.75	0.50	0.25	0.25	0.50

（4）桥梁、隧道设置检修道、人行道时，建筑限界应包括相应部分的宽度。

（5）检修道、人行道与行车道分开设置时，其净高应为 2.50m。

（6）高速公路、一级公路、二级公路的净高应为 5.00m；三级公路、四级公路的净高应为 4.50m。

6.7.2　公路用地范围

（1）公路路堤两侧排水沟外边缘（无排水沟时为路堤或护坡道坡脚）以外，或路堑坡顶截水沟外边缘（无截水沟为坡顶）以外不小于 1m 范围内的土地，在有条件的地段，高速公路和一级公路不小于 3m、二级公路不小于 2m 范围内的土地为公路路基用地范围。

（2）在风沙、雪害等特殊地质地带，需设置防护林，种植固沙植物，安装防沙或防雪栅栏以及设置反压护道等设施时，应根据实际需要确定其用地范围。

（3）桥梁、隧道、互通式立体交叉、分离式立体交叉、平面交叉、交通安全设施、服务设施、管理设施、绿化以及料场、苗圃等，应根据实际需要确定其用地范围。

（4）有条件或环境保护要求种植多行林带的路段，应根据实际情况确定用地范围。

（5）改建公路可参照新建公路用地范围的规定执行。

7.9.1　各级公路每条车道的停车视距规定如表 7.9.1。

停　车　视　距　　　　表 7.9.1

设计速度（km/h）	120	100	80	60	40	30	20
停车视距（m）	210	160	110	75	40	30	20

12.2.6　铁路上跨公路时的设计要点：

（1）铁路跨线桥的跨径与净高必须符合公路建筑限界的规定。

（2）铁路跨越二级公路、三级公路、四级公路时，严禁在行车道上设置中墩。

铁路跨越四车道高速公路时，不得在中间带设置中墩。

铁路跨越六车道及其以上高速公路时，若须在中间带设置中墩时，中墩两侧必须设防撞护栏，并留足设置防撞护栏和护栏缓冲变形的安全距离。

（3）铁路跨线桥所跨越的宽度应包括该路段公路标准横断面宽度及其所附属的变速车道、爬坡车道、边沟等的宽度。

（4）铁路跨线桥的跨径与布孔应留有足够的侧向余宽，不得将墩、台设置在公路排水边沟以内，并满足公路视距和对前方公路识别的要求。不能满足公路视距与对前方公路识别要求时，应设置边孔。

（5）铁路跨越高速公路、一级公路时，其铁路跨线桥应设置防落网。

（6）铁路跨线桥及其引道的排水系统应自成体系排除，跨线桥桥面雨水不得直接排至公路建筑限界范围内。

十二、《公路交通安全设施设计规范》
JTG D81—2006（5条）

4.2.1 路侧护栏

（1）车辆驶出路外有可能造成二次特大事故的路段必须设置路侧护栏。

（2）凡符合下列情况之一、车辆驶出路外有可能造成单车特大事故或二次重大事故的路段必须设置路侧护栏：

①二级及以上等级公路边坡坡度和路堤高度在图 4.2.1 的 1 区方格阴影范围之内的路段：

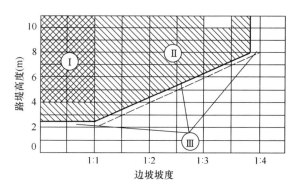

图 4.2.1　边坡坡度、路堤高度与设置护栏的关系

②路侧有江、河、湖、海、沼泽、航道等水域的路段。

4.2.2 中央分隔带护栏

（1）当整体式断面中间带宽度小于或等于 12m 时，必须设置中央分隔带护栏；大于 12m 时，应分路段确定是否设置中央分隔带护栏。

5.2.1 高速公路桥梁的外侧和中央分隔带必须设置桥梁护栏。

5.2.2 作为干线公路的一级、二级公路桥梁必须设置路侧护栏，作为干线公路的一级公路桥梁必须设置中央分隔带护栏。

8.2.1 隔离栅

（1）除特殊路段外，高速公路、需要控制出入的一级公路沿线两侧必须连续设置隔离栅，其他公路可根据需要设置。

十三、《城市道路和建筑物无障碍设计规范》 JTJ 50—2001（23条）

3.2.1 人行道路的无障碍设施与设计要求应符合表 3.2.1 的规定。

人行道路无障碍设施与设计要求 表 3.2.1

序号	设施类别	设 计 要 求
1	缘石坡道	人行道在交叉路口、街坊路口、单位出口、广场入口、人行横道及桥梁、隧道、立体交叉等路口应设缘石坡道
2	坡道与梯道	城市主要道路、建筑物和居住区的人行天桥和人行地道，应设轮椅坡道和安全梯道；在坡道和梯道两侧应设扶手。城市中心地区可设垂直升降梯取代轮椅坡道
3	盲 道	1. 城市中心区道路、广场、步行街、商业街、桥梁、隧道、立体交叉及主要建筑物地段的人行道应设盲道； 2. 人行天桥、人行地道、人行横道及主要公交车站应设提示盲道
4	人行横道	1. 人行横道的安全岛应能使轮椅通行； 2. 城市主要道路的人行横道宜设过街音响信号
5	标 志	1. 在城市广场、步行街、商业街、人行天桥、人行地道等无障碍设施的位置，应设国际通用无障碍标志牌； 2. 城市主要地段的道路和建筑物宜设盲文位置图

4.1.2 单面坡缘石坡道设计应符合下列规定：

1 单面坡缘石坡道可采用方形、长方形或扇形；

2 方形、长方形单面坡缘石坡道应与人行道的宽度相对应（图 4.1.2-1，图 4.1.2-2，图 4.1.2-3）；

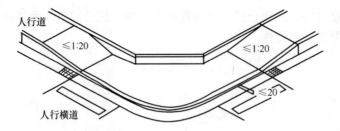

图 4.1.2-1 交叉路口单面坡缘石坡道

3 扇形单面坡缘石坡道下口宽度不应小于 1.50m（图 4.1.2-4）；

4 设在道路转角处单面坡缘石坡道上口宽度不宜小于 2.00m（图 4.1.2-5）；

5 单面坡缘石坡道的坡度不应大于 1：20。

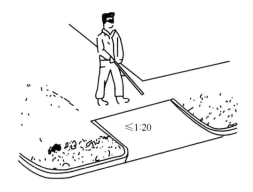

图 4.1.2-2　街坊路口单面坡缘石坡道

图 4.1.2-3　人行横道单面坡缘石坡道

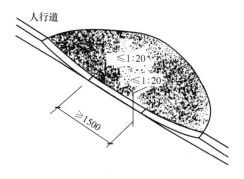

图 4.1.2-4　扇形单面坡缘石坡道

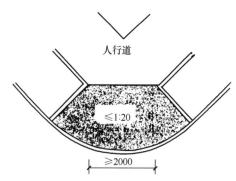

图 4.1.2-5　转角处单面直线缘石坡道

4.3.1　城市主要道路和居住区的公交车站，应设提示盲道和盲文站牌。

4.4.10　人行天桥下面的三角空间区，在 2m 高度以下应安装防护栅栏，并应在结构边缘外设宽 0.30～0.60m 提示盲道（图 4.4.10-1，图 4.4.10-2）。

图 4.4.10-1　人行天桥防护栅栏

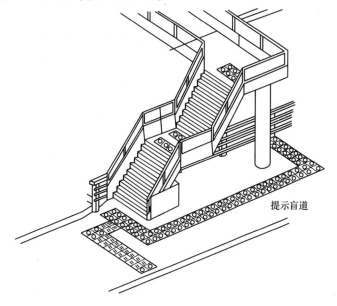

图 4.4.10-2　人行天桥防护提示盲道

5.1.1 办公、科研建筑进行无障碍设计的范围应符合表 5.1.1 的规定。

无障碍设计的范围 表 5.1.1

建 筑 类 别		设 计 部 位
办公、科研建筑	· 各级政府办公建筑 · 各级司法部门建筑 · 企、事业办公建筑 · 各类科研建筑 · 其他招商、办公、社区服务建筑	1. 建筑基地（人行通路、停车车位） 2. 建筑入口、入口平台及门 3. 水平与垂直交通 4. 接待用房（一般接待室、贵宾接待室） 5. 公共用房（会议室、报告厅、审判厅等） 6. 公共厕所 7. 服务台、公共电话、饮水器等相应设施

注：县级及县级以上的政府机关与司法部门，必须设无障碍专用厕所。

5.1.2 商业、服务建筑进行无障碍设计的范围应符合表 5.1.2 的规定。

无障碍设计的范围 表 5.1.2

建 筑 类 别		设 计 部 位
商业建筑	· 百货商店、综合商场建筑 · 自选超市、菜市场类建筑 · 餐馆、饮食店、食品店建筑	1. 建筑入口及门 2. 水平与垂直交通 3. 普通营业区、自选营业区 4. 饮食厅、游乐用房
服务建筑	· 金融、邮电建筑 · 招待所、培训中心建筑 · 宾馆、饭店、旅馆 · 洗浴、美容美发建筑 · 殡仪馆建筑等	5. 顾客休息与服务用房 6. 公共厕所、公共浴室 7. 宾馆、饭店、招待所的公共部分与客房部分 8. 总服务台、业务台、取款机、查询台、结算通道、公用电话、饮水器、停车车位等相应设施

注：1. 商业与服务建筑的入口宜设无障碍入口。
　　2. 设有公共厕所的大型商业与服务建筑，必须设无障碍专用厕所。
　　3. 有楼层的大型商业与服务建筑应设无障碍电梯。

5.1.3 文化、纪念建筑进行无障碍设计的范围应符合表 5.1.3 的规定。

无障碍设计的范围 表 5.1.3

建 筑 类 别		设 计 部 位
文化建筑	· 文化馆建筑 · 图书馆建筑 · 科技馆建筑 · 博物馆、展览馆建筑 · 档案馆建筑等	1. 建筑基地（庭院、人行通路、停车车位） 2. 建筑入口、入口平台及门 3. 水平与垂直交通 4. 接待室、休息室、信息及查询服务
纪念性建筑	· 纪念馆 · 纪念塔 · 纪念碑 · 纪念物等	5. 出纳、目录厅、阅览室、阅读室 6. 展览厅、报告厅、陈列室、视听室等 7. 公共厕所 8. 售票处、总服务台、公共电话、饮水器等相应设施

注：1. 设有公共厕所的大型文化与纪念建筑，必须设无障碍专用厕所。
　　2. 有楼层的大型文化与纪念建筑应设无障碍电梯。

5.1.4　观演、体育建筑进行无障碍设计的范围应符合表5.1.4的规定。

无障碍设计的范围　　　　　　　　　　　　　　　　表 **5.1.4**

建　筑　类　别		设　计　部　位
观演建筑	· 剧场、剧院建筑 · 电影院建筑 · 音乐厅建筑 · 礼堂、会议中心建筑	1. 建筑基地（人行通路、停车车位） 2. 建筑入口、入口平台及门 3. 水平与垂直交通 4. 前厅、休息厅、观众席 5. 主席台、贵宾休息室
体育建筑	· 体育场、体育馆建筑 · 游泳馆建筑 · 溜冰馆、溜冰场建筑 · 健身房（风雨操场）	6. 舞台、后台、排练房、化妆室 7. 训练场地、比赛场地 8. 观众厕所 9. 演员、运动员厕所与浴室 10. 售票处、公共电话、饮水器等相应设施

注：1. 观演与体育建筑的观众席、听众席和主席台，必须设轮椅席位。

　　2. 大型观演与体育建筑的观众厕所和贵宾室，必须设无障碍专用厕所。

5.1.5　交通、医疗建筑进行无障碍设计的范围应符合表5.1.5的规定。

无障碍设计的范围　　　　　　　　　　　　　　　　表 **5.1.5**

建　筑　类　别		设　计　部　位
交通建筑	· 空港航站楼建筑 · 铁路旅客客运站建筑 · 汽车客运站建筑 · 地铁客运站建筑 · 港口客运站建筑	1. 站前广场、人行通路、庭院、停车车位 2. 建筑入口及门 3. 水平与垂直交通 4. 售票，联检通道，旅客候机、车、船厅及中转区 5. 行李托运、提取、寄存及商业服务区
医疗建筑	· 综合医院、专科医院建筑 · 疗养院建筑 · 康复中心建筑 · 急救中心建筑 · 其他医疗、休养建筑	6. 登机桥、天桥、地道、站台、引桥及旅客到达区 7. 门诊用房、急诊用房、住院病房、疗养用房 8. 放射、检验及功能检查用房、理疗用房等 9. 公共厕所 10. 服务台、挂号、取药、公共电话、饮水器及查询台等

注：1. 交通与医疗建筑的入口应设无障碍入口。

　　2. 交通与医疗建筑必须设无障碍专用厕所。

　　3. 有楼层的交通与医疗建筑应设无障碍电梯。

5.1.6　学校、园林建筑进行无障碍设计的范围应符合表5.1.6的规定。

无障碍设计的范围　　　　　　　　　　　　　　　　表 **5.1.6**

建　筑　类　别		设　计　部　位
学校建筑	· 高等院校 · 专业学校 · 职业高中与中、小学及托幼建筑 · 培智学校 · 聋哑学校 · 盲人学校	1. 建筑基地（人行通路、停车车位） 2. 建筑入口、入口平台及门 3. 水平与垂直交通 4. 普通教室、合班教室、电教室 5. 实验室、图书阅览室
园林建筑	· 城市广场 · 城市公园 · 街心花园 · 动物园、植物园 · 海洋馆 · 游乐园与旅游景点	6. 自然、史地、美术、书法、音乐教室 7. 风雨操场、游泳馆 8. 观展区、表演区、儿童活动区 9. 室内外公共厕所 10. 售票处、服务台、公用电话、饮水器等相应设施

注：大型园林建筑及主要旅游地段必须设无障碍专用厕所。

5.2.1   高层、中高层住宅及公寓建筑进行无障碍设计的范围应符合表 5.2.1 的规定。

无障碍设计的范围   表 5.2.1

建　筑　类　别	设　计　部　位
·高层住宅 ·中高层住宅 ·高层公寓 ·中高层公寓	1. 建筑入口 2. 入口平台 3. 候梯厅 4. 电梯轿厢 5. 公共走道 6. 无障碍住房

注：高层、中高层住宅及公寓建筑，每50套住房宜设两套符合乘轮椅者居住的无障碍住房套型。

6.1.1   居住区道路进行无障碍设计应包括以下范围：

　　1　居住区路的人行道（居住区级）；

　　2　小区路的人行道（小区级）；

　　3　组团路的人行道（组团级）；

　　4　宅间小路的人行道。

6.2.1   居住区公共绿地进行无障碍设计应包括以下范围：

　　1　居住区公园（居住区级）；

　　2　小游园（小区级）；

　　3　组团绿地（组团级）；

　　4　儿童活动场。

7.1.2   公共建筑与高层、中高层居住建筑入口设台阶时，必须设轮椅坡道和扶手。

7.1.3   建筑入口轮椅通行平台最小宽度应符合表 7.1.3 的规定。

入口平台宽度   表 7.1.3

建　筑　类　别	入口平台最小宽度（m）
1. 大、中型公共建筑	≥2.00
2. 小型公共建筑	≥1.50
3. 中、高层建筑、公寓建筑	≥2.00
4. 多、低层无障碍住宅、公寓建筑	≥1.50
5. 无障碍宿舍建筑	≥1.50

7.2.5   坡道在不同坡度的情况下，坡道高度和水平长度应符合表 7.2.5 的规定（图 7.2.5）。

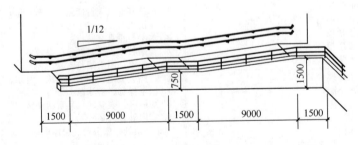

图 7.2.5　1：12 坡道高度和水平长度

不同坡度高度和水平长度　　　　　　表 7.2.5

坡　　度	1：20	1：16	1：12	1：10	1：8
最大高度（m）	1.50	1.00	0.75	0.60	0.35
水平长度（m）	30.00	16.00	9.00	6.00	2.80

7.3.1 乘轮椅者通行的走道和通路最小宽度应符合表 7.3.1 的规定。

轮椅通行最小宽度　　　　　　表 7.3.1

建　筑　类　别	最小宽度（m）
1. 大型公共建筑走道	≥1.80
2. 中小型公共建筑走道	≥1.50
3. 检票口、结算口轮椅通道	≥0.90
4. 居住建筑走廊	≥1.20
5. 建筑基地人行通路	≥1.50

7.4.1 供残疾人使用的门应符合下列规定：

　　1 应采用自动门，也可采用推拉门、折叠门或平开门，不应采用力度大的弹簧门；

　　2 在旋转门一侧应另设残疾人使用的门；

　　3 轮椅通行门的净宽应符合表 7.4.1 的规定。

门 的 净 宽　　　　　　表 7.4.1

类　　别	净　宽（m）
1. 自动门	≥1.00
2. 推拉门、折叠门	≥0.80
3. 平开门	≥0.80
4. 弹簧门（小力度）	≥0.80

　　4 乘轮椅者开启的推拉门和平开门，在门把手一侧的墙面，应留有不小于 0.5m 的墙面宽度（图 7.4.1-1）；

　　5 乘轮椅者开启的门扇，应安装视线观察玻璃、横执把手和关门拉手，在门扇的下方应安装高 0.35m 的护门板（图 7.4.1-2）；

　　6 门扇在一只手操纵下应易于开启，门槛高度及门内外地面高差不应大于 15mm，并应以斜面过渡。

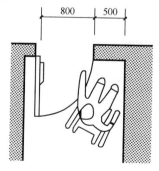

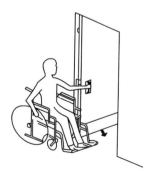

图 7.4.1-1　门把手一侧墙面宽度（mm）　　　　图 7.4.1-2　门扇关门拉手

7.7.1 在公共建筑中配备电梯时，必须设无障碍电梯。

7.8.1 公共厕所无障碍设施与设计要求应符合表7.8.1的规定。

公共厕所无障碍设施与设计要求 表 7.8.1

设施类别	设 计 要 求
入 口	应符合本规范第7章第1节的有关规定
门 扇	应符合本规范第7章第4节的有关规定
通 道	地面应防滑和不积水，宽度不应小于1.50m
洗手盆	1. 距洗手盆两侧和前缘50mm应设安全抓杆。 2. 洗手盆前应有1.10m×0.80m乘轮椅者使用面积
男厕所	1. 小便器两侧和上方，应设宽0.60～0.70m、高1.20m的安全抓杆（图7.8.1-1）。 2. 小便器下口距地面不应大于0.50m（图7.8.1-2）
无障碍厕位	1. 男、女公共厕所应各设一个无障碍隔间厕位。 2. 新建无障碍厕位面积不应小于1.80m×1.40m（图7.8.1-3）。 3. 改建无障碍厕位面积不应小于2.00m×1.00m（图7.8.1-4）。 4. 厕位门扇向外开启后，入口净宽不应小于0.80m，门扇内侧应设关门拉手。 5. 坐便器高0.45m，两侧应设高0.70m水平抓杆，在墙面一侧应设高1.40m的垂直抓杆（图7.8.1-5）
安全抓杆	1. 安全抓杆直径应为30～40mm。 2. 安全抓杆内侧应距墙面40mm。 3. 抓杆应安装坚固

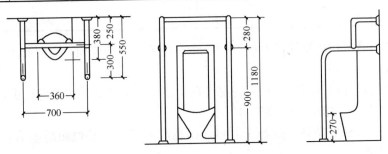

图 7.8.1-1 落地式小便器安全抓杆

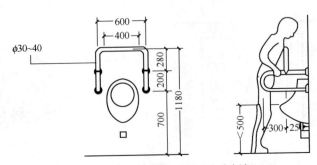

图 7.8.1-2 悬臂式小便器安全抓杆

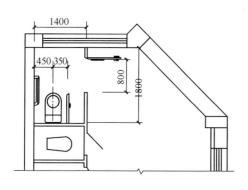

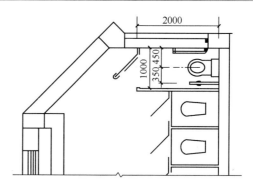

图 7.8.1-3　新建无障碍厕位　　　　　　　　图 7.8.1-4　改建无障碍厕位

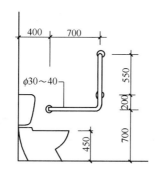
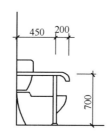

图 7.8.1-5　坐便器两侧固定式安全抓杆

7.8.2　专用厕所无障碍设施与设计要求应符合表 7.8.2 的规定（图 7.8.2）。

专用厕所无障碍设施与设计要求　　　　　　　　表 7.8.2

设施类别	设　计　要　求
设置位置	政府机关和大型公共建筑及城市的主要地段，应设无障碍专用厕所
入　口	应符合本规范第 7 章第 1 节的有关规定
门　扇	1. 应符合本规范第 7 章第 4 节的有关规定。 2. 应采用门外可紧急开启的门插销
面　积	≥2.00m×2.00m（图 7.8.2）
坐便器	坐便器高应为 0.45m，两侧应设高 0.70m 水平抓杆，在墙面一侧应加设高 1.40m 的垂直抓杆
洗手盆	两侧和前缘 50mm 处应设置安全抓杆
放物台	长、宽、高为 0.80m×0.50m×0.60m，台面宜采用木制品或革制品
挂衣钩	可设高 1.20m 的挂衣钩
呼叫按钮	距地面高 0.40~0.50m 处应设求助呼叫按钮
安全抓杆	符合本规范第 7.8.1 条的有关规定

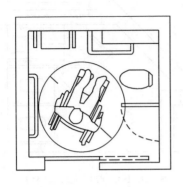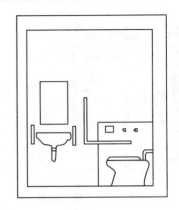

图 7.8.2 专用厕所 (2.00m×2.00m)

7.9.1 设有观众席和听众席的公共建筑，应设轮椅席位。

7.10.1 设有客房的公共建筑应设无障碍客房，其设施与设计要求应符合表 7.10.1 的规定。

无障碍设施与设计要求 表 7.10.1

类 别	设 计 要 求
客房位置	1. 应便于到达、疏散和进出方便。 2. 餐厅、购物和康乐等设施的公共通道应方便轮椅到达
客房数量 （标准间）	1. 100 间以下，应设 1～2 间无障碍客房。 2. 100～400 间，应设 2～4 间无障碍客房。 3. 400 间以上，应设 3 间以上无障碍客房
客房内过道	1. 出口及床前过道的宽度不应小于 1.50m（图 7.10.1）。 2. 床间距离不应小于 1.20m
客房门	应符合本规范第 7 章第 4 节有关规定
卫生间	1. 门扇向外开启，净宽不应小于 0.80m。 2. 轮椅回转直径不应小于 1.50m。 3. 浴盆、坐便器、洗面盆及安全抓杆等应符合本规范第 7 章第 8 节的有关规定
电器与家具	1. 位置和高度应方便乘轮椅者靠近和使用。 2. 床、坐便器、浴盆高度应为 0.45m。 3. 客房及卫生间应设求助呼叫按钮

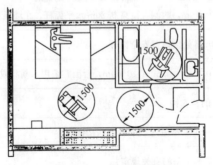

图 7.10.1 无障碍客房

十四、《城市桥梁工程施工与质量验收规范》CJJ 2—2008（13条）

2.0.5 施工单位应按合同规定的或经过审批的设计文件进行施工。发生设计变更及工程洽商应按国家现行有关规定程序办理设计变更与工程洽商手续，并形成文件。严禁按未经批准的设计变更进行施工。

2.0.8 施工中必须建立技术与安全交底制度。作业前主管施工技术人员必须向作业人员进行安全与技术交底，并形成文件。

5.2.12 浇筑混凝土和砌筑前，应对模板、支架和拱架进行检查和验收，合格后方可施工。

6.1.2 钢筋应按不同钢种、等级、牌号、规格及生产厂家分批验收，确认合格后方可使用。

6.1.5 预制构件的吊环必须采用未经冷拉的 HPB235 热轧光圆钢筋制作，不得以其他钢筋替代。

8.4.3 预应力筋的张拉控制应力必须符合设计规定。

10.1.7 基坑内地基承载力必须满足设计要求。基坑开挖完成后，应会同设计、勘探单位实地验槽，确认地基承载力满足设计要求。

13.2.6 桥墩两侧梁段悬臂施工应对称、平衡。平衡偏差不得大于设计要求。

13.4.4 桥墩两侧应对称拼装，保持平衡。平衡偏差应满足设计要求。

14.2.4 高强度螺栓终拧完毕必须当班检查。每栓群应抽查总数的 5%，且不得少于 2 套。抽查合格率不得小于 80%，否则应继续抽查，直至合格率达到 80% 以上。对螺栓拧紧度不足者应补拧，对超拧者应更换、重新施拧并检查。

16.3.3 分段浇筑程序应对称子拱顶进行，且应符合设计要求。

17.4.1 施工过程中，必须对主梁各个施工阶段的拉索索力、主梁标高、塔梁内力以及索塔位移量等进行监测，并应及时将有关数据反馈给设计单位，分析确定下一施工阶段的拉索张拉量值和主梁线形、高程及索塔位移控制量值等，直至合龙。

18.1.2 施工过程中，应及时对成桥结构线形及内力进行监控，确保符合设计要求。

第二部分

轨道交通桥梁

一、《地铁设计规范》GB 50157—2003（203条）

1.0.3 地铁工程设计，必须符合政府主管部门批准的城市总体规划和城市轨道交通线网规划。

1.0.7 地铁的主体结构工程，设计使用年限为100年。

1.0.8 地铁线路应为右侧行车的双线线路，并应采用1435mm标准轨距。

1.0.13 设计地铁浅埋、高架及地面线路时，应采取降低噪声、减少振动和减少对生态环境影响的措施，使之符合国家现行的城市环境保护的相关规定。

地铁各系统排放的废气、废水、废物，应达到国家现行的相关排放标准。

1.0.15 地铁工程抗震设防烈度，应根据当地政府主管部门批准的地震安全性评价结果确定。

1.0.16 跨河流和临近河流的地铁地面和高架工程，应按1/100的洪水频率标准进行设计。

对下穿河流或湖泊等水域的地铁工程，应在进出水域的两端适当位置设防淹门或采取其他防淹措施。

3.1.3 地铁的基本运营状态应包含正常运营状态、非正常运营状态和紧急运营状态。系统的运营，必须在能够保证所有使用该系统的人员和乘客以及系统设施安全的情况下实施。

3.2.1 地铁的设计运输能力，应满足预测的远期单向高峰小时最大断面客流量的需要。

3.3.1 地铁线路必须为全封闭形式，同时列车须在安全防护系统的监控下运行。

4.3.4 圆形隧道应按全线盾构施工地段的平面曲线最小半径确定隧道建筑限界。

4.3.7 高架线或地面线建筑限界的确定应符合下列规定：

1 高架线、地面线的区间和车站建筑限界，应按高架或地面线设备限界或车辆限界及设备安装尺寸计算确定。

4.3.10 车站直线地段建筑限界应满足下列要求：

2 站台计算长度内的站台边缘距线路中心线的距离，应按车辆限界加10mm安全间隙确定，但站台边缘与车辆轮廓线之间的间隙，当采用整体道床时不应大于100mm；当采用碎石道床时不应大于120mm。

4.3.11 曲线车站站台边缘与车辆轮廓线之间的间隙不应大于180mm。

5.1.2 地铁线路的选定应根据城市轨道交通线网规划进行。

5.1.4 地铁的线路平面位置和高程应根据城市现状与规划的道路、地面建筑物、管线和其他构筑物、文物古迹保护要求、环境与景观、地形与地貌、工程地质与水文地质条件、采用的结构类型与施工方法，以及运营要求等因素，经技术经济综合比较后确定。

5.1.6 地铁的线路之间及与其他轨道交通线路之间的交叉处，应采用立体交叉。

5.2.1 线路平面曲线半径应根据车辆类型、列车设计运行速度和工程难易程度经比选确定，线路平面的最小曲线半径不得小于表 5.2.1 规定的数值。

最小曲线半径　　　　　　　表 5.2.1

线　　路		一般情况（m）		困难情况（m）	
		A 型车	B 型车	A 型车	B 型车
正线	V≤80km/h	350	300	300	250
	80km/h<V≤100km/h	550	500	450	400
联络线、出入线		250	200	150	
车场线		150	110	110	

注：除同心圆曲线外，曲线半径应以 10m 的倍数取值。

5.3.9　车站站台计算长度内和道岔范围内不得设置竖曲线，竖曲线离开道岔端部的距离不应小于 5m。

5.3.10　碎石道床线路竖曲线不得与平面缓和曲线重叠；当不设平面缓和曲线时，竖曲线不得与超高顺坡段重叠。

6.1.1　轨道结构应具有足够的强度、稳定性、耐久性和适量弹性，确保列车安全、平稳、快速运行和乘客舒适。

6.1.3　根据环境保护对沿线不同地段的减振、降噪要求，轨道应采用相应的减振轨道结构。

6.2.3　正线钢轨接头应采用对接，曲线内股应采用厂制缩短轨调整钢轨接头位置。

辅助线和车场线半径等于及小于 200m 的曲线地段钢轨接头应采用错接，错接距离不应小于 3m。

6.2.10　曲线超高值应在缓和曲线内递减，无缓和曲线时，应在直线段递减。

超高顺坡率不宜大于 2‰，困难地段不应大于 3‰。

6.4.1　正线上道岔的钢轨类型应与正线的钢轨类型一致。

7.1.1　路基是地铁工程的重要组成部分，直接承受轨道和车辆荷载。路基工程作为土工结构物，必须具有足够的强度、稳定性和耐久性。

7.2.3　路基面宽度应根据正线数目、配线情况、线间距、轨道结构尺寸、路基面形状、曲线加宽、路肩宽度等计算确定。

当路肩埋有设备时，路堤及路堑的路肩宽度均不得小于 0.6m，无埋设设备时路肩宽度均不得小于 0.4m。

7.2.6　路基基床分表层和底层，表层厚度应不小于 0.4m，底层厚度应不小于 1.1m。基床厚度以路肩施工高程为计算起点。

8.1.1　车站的总体布局，应符合城市规划、城市交通规划、环境保护和城市景观的要求，妥善处理好与地面建筑、地下管线、地下构筑物等之间的关系。

8.1.2　车站设计必须满足客流需求，保证乘降安全、疏导迅速、布置紧凑、便于管理，并具有良好的通风、照明、卫生、防灾等设施，为乘客提供舒适的乘车环境。

8.3.1　站台计算长度应采用远期列车编组长度加停车误差。

8.3.7　距站台边缘 400mm 处应设不小于 80mm 宽的纵向醒目安全线。采用屏蔽门时不设安全线。

8.3.9 人行楼梯和自动扶梯的总量布置除应满足上、下乘客的需要外，还应按站台层的事故疏散时间不大于 6min 进行验算。消防专用梯及垂直电梯不计入事故疏散用。

8.4.2 装修应采用防火、防潮、防腐、耐久、易清洁的环保材料，应便于施工与维修，可能条件下兼顾吸声。地面材料应防滑、耐磨。

8.4.4 车站内应设置各种导向、事故疏散、服务乘客的标志。

8.5.1 车站出入口的数量，应根据吸引与疏散客流的要求设置，但不得少于两个。每个出入口宽度应按远期分向设计客流量乘以 1.1～1.25 不均匀系数计算确定。

8.5.4 地下车站出入口的地面标高应高出室外地面，并应满足当地防洪要求。

8.6.3 单建或与建筑物合建的风亭，其口部距其他建筑物距离应不小于 5m。当风亭设于路边时，风亭开口底距地面的高度应不小于 2m。

8.7.2 车站出入口的提升高度超过 6m 时，应设上行自动扶梯；超过 12m 时应考虑上、下行均设自动扶梯。站厅与站台间应设上行自动扶梯，高差超过 6m 时，上、下行均应设自动扶梯。分期建设的自动扶梯应预留位置。

9.1.4 高架结构墩位布置应符合城市规划要求。跨越铁路、道路时桥下净空应满足铁路、道路限界要求并预留结构沉降量、铁路抬道量或公路路面翻修高度；跨越排洪河流时，应按 1/100 洪水频率标准进行设计，技术复杂、修复困难的大桥、特大桥应按 1/300 洪水频率标准进行检算；跨越通航河流时，其桥下净空应根据航道等级，满足现行国家标准《内河通航标准》的要求。

9.1.5 钢筋混凝土与预应力混凝土梁式桥跨结构在列车静活载作用下，其竖向挠度不应超过表 9.1.5 的容许值。

梁式桥跨结构竖向挠度容许值 表 9.1.5

跨　　度	挠度容许值
$L \leqslant 30\text{m}$	$L/2000$
$L > 30\text{m}$	$L/1500$

注：表中 L 为梁的跨度（m）。

9.1.9 高架结构墩台基础的沉降应按恒载计算。

对于外静定结构，其总沉降量与施工期间沉降量之差，不应超过下列容许值：

墩台均匀沉降量：50mm；

相邻墩台沉降量之差：20mm。

对于外静不定结构，其相邻墩台不均匀沉降量之差的容许值还应根据沉降对结构产生的附加影响来确定。

9.2.5 列车竖向静活载确定应符合下列规定：

1 列车竖向静活载图式按本线列车的最大轴重、轴距及近、远期中最长的列车编组确定。

2 单线和双线高架结构，按列车活载作用于每一条线路确定。

3 多于两线的高架结构，按下列最不利情况考虑：

1） 按两条线路在最不利位置承受列车活载，其余线路不承受列车活载；

2） 所有线路在最不利位置承受 75% 的活载。

4 影响线加载时，活载图式不可任意截取，但对影响线异符号区段，轴重按 80kN 计。

9.2.19 地震力的作用，应按现行国家标准《铁路工程抗震设计规范》的相关规定计算。

9.5.6 车站高架结构，应考虑纵、横向地基不均匀沉陷的影响，包括不均匀沉陷对车站结构的影响和轨道梁桥独立布置时不均匀沉陷对站台标高的影响。

9.5.10 车站高架结构应按现行建筑抗震设计规范进行抗震设计及设防。轨道梁桥与车站结构完全分开布置时，轨道梁桥应按现行国家标准《铁路工程抗震设计规范》进行抗震设计。

10.1.3 地下结构的设计，应减少施工中和建成后对环境造成的不利影响，考虑城市规划引起周围环境的改变对结构的作用。

10.1.7 地下结构的净空尺寸应满足地铁建筑限界和其他使用及施工工艺等要求，并考虑施工误差、结构变形和位移的影响。

10.1.8 采用直流电力牵引和走行轨回流的地铁结构，应根据现行《地铁杂散电流腐蚀防护技术规程》采取防止杂散电流腐蚀的措施。钢结构及钢连接件应进行防锈处理。

10.2.4 在设计换乘站中直接承受地铁车辆荷载的楼板等构件时，地铁车辆竖向荷载应按其实际轴重和排列计算，并考虑动力作用的影响，同时尚应按线路通过的重型设备运输车辆的荷载进行验算。

10.2.5 车站站台、楼板和楼梯等部位的人群均布荷载的标准值应采用 4.0kPa。

10.2.6 设备用房楼板的计算荷载应根据设备安装、检修和正常使用的实际情况（包括动力效应）确定，其标准值不得小于 4.0kPa。

10.3.2 混凝土的原材料和配比、最低强度等级、最大水胶比和单方混凝土的胶凝材料最小用量等应符合耐久性要求，满足抗裂、抗渗、抗冻和抗侵蚀的需要。一般环境条件下的混凝土设计强度等级不得低于表 10.3.2 的规定。

地下结构混凝土的最低设计强度等级 表 10.3.2

明挖法	整体式钢筋混凝土结构	C30
	装配式钢筋混凝土结构	C30
	作为永久结构的地下连续墙和灌注桩	C30
盾构法	装配式钢筋混凝土管片	C50
	整体式钢筋混凝土衬砌	C30
矿山法	喷射混凝土衬砌	C20
	现浇混凝土或钢筋混凝土衬砌	C30
沉管法	钢筋混凝土结构	C30
	预应力混凝土结构	C40
顶进法	钢筋混凝土结构	C30

注：一般环境条件指现行国家标准《混凝土结构设计规范》环境类别中的一类和二 a 类。

10.5.1 结构设计应符合下列一般规定：

1 地下结构应就其施工和正常使用阶段，进行结构强度的计算，必要时也应进行刚度和稳定性计算。对于混凝土结构，尚应进行抗裂验算或裂缝宽度验算。当计入地震荷载或其他偶然荷载作用时，不需验算结构的裂缝宽度。

　　5　换乘站中直接承受列车荷载的楼板等构件，其计算及构造应满足现行《铁路桥涵钢筋混凝土和预应力混凝土结构设计规范》的相关要求。

　　9　设计地震区的结构时，应根据设防要求、场地条件、结构类型和埋深等因素选用能较好反映其地震工作性状的分析方法，并采取必要的构造措施，提高结构和接头处的整体抗震能力。

　　当围岩中包含有可液化土层时，必须采取可靠对策，提高地层的抗液化能力，保证地震作用下结构的安全性。

　　10　暗挖法施工的结构，应及时向其衬砌背后压注结硬性浆液，保证围岩与结构的共同作用。

10.5.5　沉管法施工的隧道结构设计应符合下列规定：

　　1　沉管法施工的隧道应就其在预制、系泊、浮运、沉放、对接、基础处理等不同施工阶段和运营状态下可能出现的最不利荷载组合，考虑地基的不均匀性和基础处理的质量，分别对横断面和纵向的受力进行分析。

　　纵向分析时应考虑接头刚度的影响。

10.6.1　变形缝的设置应符合下列规定：

　　1　地下结构应设置温度变形缝。缝的间距可根据施工工艺、使用要求、围岩条件以及运营期间地铁内部温度相对于结构施工时的变化等，参照类似工程的经验确定。

　　2　在区间隧道和车站结构中，当因结构、地基　基础或荷载发生变化，可能产生较大的差异沉降时，宜通过地基处理、结构措施或设置后浇带等方法，将结构的纵向沉降曲率和沉降差控制在整体道床和地下结构的允许变形范围内。

　　3　在车站结构与出入口通道等附属建筑的结合部应设置变形缝。

　　4　应采取可靠措施，确保变形缝两边的结构不产生影响行车安全和正常使用的差异沉降。

10.6.3　钢筋的混凝土保护层厚度应符合下列规定：

　　2　受力钢筋的混凝土保护层的厚度不得小于钢筋的公称直径，且在一般环境条件下应符合表 10.6.3 的规定。

受力钢筋的混凝土保护层最小厚度（mm）　　　　表 10.6.3

结构类别	地下连续墙		灌注桩	明挖结构						钢筋混凝土管片		矿山法施工的结构		
	外侧	内侧		顶板		楼板	底板				初期支护或喷锚衬砌		二次衬砌
				外侧	内侧		外侧	内侧	外侧	内侧	外侧	内侧	
保护层厚度	70	50	70	50	40	30	50	40	40	30	40	40	35

　　注：1. 车站内的楼梯及站台板等内部构件主筋的保护层厚度可采用 25mm；

　　　　2. 顶进法和沉管法施工的隧道主筋的保护层厚度可采用明挖结构的数值；

　　　　3. 矿山法施工的结构当二次衬砌的厚度大于 50cm 时，主筋的保护层厚度应采用 40mm。

　　3　箍筋、分布筋和构造筋的混凝土保护层厚度不得小于 20mm。

11.1.3 地下结构防水等级应符合下列规定：

1 地下车站及机电设备集中区段的防水等级应为一级，不允许渗水，结构表面无湿渍；

2 区间隧道及连接通道等附属的隧道结构防水等级应为二级，顶部不允许滴漏，其他不允许漏水，结构表面可有少量湿渍，总湿渍面积不应大于总防水面积的 6/1000；任意 100m^2 防水面积上的湿渍不超过 4 处，单个湿渍的最大面积不大于 0.2m^2。

11.3.2 卷材防水层应根据施工环境条件、结构构造形式、工程防水等级要求选择材料品种和设置方式，并应符合下列规定：

1 卷材防水层宜为 1～2 层。高聚物改性沥青防水卷材单层使用时，厚度不宜小于 4mm，双层使用时，总厚度不应小于 6mm；高聚物改性沥青自粘卷材和合成高分子防水卷材单层使用时，厚度不宜小于 1.5mm，双层使用时，总厚度不宜小于 2.4mm；塑料树脂类防水卷材厚度宜为 1.2～2mm。

卷材及其胶粘剂应具有良好的耐水性、耐久性、耐刺穿性、耐腐蚀性和耐菌性。

11.5.9 变形缝处采取的防水措施应能满足接缝两端结构产生的差异沉降及纵向伸缩时的密封防水要求。

12.1.1 地铁的内部空气环境应采用通风或空调系统进行控制。

12.1.3 地铁的通风与空调系统应保证其内部空气环境的空气质量、温度、湿度、气流组织、气流速度和噪声等均能满足人员的生理及心理条件要求和设备正常运转的需要。

12.1.4 地铁通风与空调系统应具有下列功能：

1 当列车在正常运行时，应保证地铁内部空气环境在规定标准范围内；

2 当列车阻塞在区间隧道内时，应保证阻塞处的有效通风功能；

3 当列车在区间隧道发生火灾事故时，应具备防灾排烟、通风功能；

4 当车站内发生火灾事故时，应具备防灾排烟、通风功能。

12.1.5 地铁通风与空调系统的确定应符合下列规定：

1 地铁通风和空调系统分为通风系统（含活塞通风）和空调系统两种系统方式；

2 地铁通风与空调系统宜优先采用通风系统方式（含活塞通风）；

3 在夏季当地最热月的平均温度超过 25℃，且地铁高峰时间内每小时的行车对数和每列车车辆数的乘积大于 180 时，可采用空调系统；

4 在夏季当地最热月的平均温度超过 25℃，全年平均温度超过 15℃，且地铁高峰时间内每小时的行车对数和每列车车辆数的乘积大于 120 时，可采用空调系统。

12.1.7 地铁的通风与空调系统应按地铁预测的远期客流量和最大的通过能力设计，但设备应按近期和远期配置，分期实施。

12.2.8 地铁地下车站应设置通风系统，当条件符合 12.1.5 条规定时，可采用空调系统。

12.2.9 地铁地下车站的进风应直接采自大气，排风应直接排出地面。

12.2.11 地下车站夏季站内空气计算温度和相对湿度应符合下列规定：

1 当车站采用通风系统时，站内夏季的空气计算温度不宜高于室外空气计算温度 5℃，且不应超过 30℃；

2 当车站采用空调系统时，站厅的空气计算温度比空调室外计算干球温度低 2～3℃，且不应超过 30℃；站台厅的空气计算温度比站厅的空气计算温度低 1～2℃；相对湿度均在 40%～65%之间。

12.2.14 当通风系统采用开式运行时，每个乘客每小时需供应的新鲜空气量不应少于 30m³；当采用闭式运行时，其新鲜空气量不应少于 12.6m³，且系统的新风量不应少于总送风量的 10%。

12.2.15 当采用空调系统时，每个乘客每小时需供应的新鲜空气量不应少于 12.6m³，且系统的新风量不应少于总送风量的 10%。

12.2.24 地下车站的各类用房应根据其使用要求设置通风系统，必要时可设置空调系统；进风应直接采自大气，排风宜直接排出地面。

12.2.27 设置气体灭火的房间应设置机械通风系统，所排除的气体必须直接排出地面。

12.2.29 地下车站设备及管理用房内每个工作人员每小时需供应的新鲜空气量不应少于 30m³，且新风量不少于总风量的 10%。

12.2.42 地面进风风亭应设在空气洁净的地方，任何建筑物距进、排风亭口部的直线距离应大于 5m。

13.1.2 地铁给水水源应优先采用城市自来水，当沿线无城市自来水时，应和当地规划等部门协商，采取其他可靠的供水水源。

13.2.4 地铁给水系统的选择，应根据生产、生活和消防等各项用水对水质、水压和水量的要求，结合市政给水系统等因素确定，一般按下列情况选择给水系统：

　　2 当城市自来水的供水量能满足生产、生活和消防用水的要求，而供水压力不能满足消防用水压力时，应和当地消防及市政部门协商设消防泵和稳压装置，不设消防水池。

　　3 当城市自来水的供水量和供水压力能满足生产和生活用水，而不能满足消防用水量要求时，则应设消防泵、稳压装置和消防水池。

13.2.5 管道布置和敷设应符合下列规定：

　　4 给水管不应穿过变电所、通信信号机房、控制室、配电室等房间；

13.3.4 地铁隧道内的排水泵站（房）的设置应符合下列规定：

　　7 露天出入口及敞开通风口排水泵房的雨水排放设计按当地 50 年一遇暴雨强度计算，集流时间为 5～10min；

　　8 洞口的雨水如不能自流排放时，必须在洞口适当位置设排水泵站，并在洞口道床的适当位置设横向截水沟，保证将雨水导流至泵站集水池。排水管渠或排水泵站的排水能力，按当地 50 年一遇的暴雨强度计算，集流时间按计算确定；

13.3.8 局部污水处理设施应符合下列规定：

　　1 当城市有污水排水系统而无污水处理厂时，车站厕所的污水应经过化粪池处理达到标准后排入城市污水排水系统；

　　5 当城市无污水排水系统时，应根据国家或当地现行有关污水综合排水标准的规定，对地铁车站排出的粪便污水进行处理，达到标准后排入城市排水系统；

13.4.8 含油废水及洗车库的废水，不符合国家规定的排放标准时，应经过处理，达到标准后排放，并尽量重复利用。

13.4.9 车辆段附近无城市污水排水系统时，则车辆段内的生活污水必须经过处理，达到排放标准后才能排放。

14.1.7 一级负荷应由双电源双回线路供电，当一个电源发生故障时，另一个电源不应同时受到损坏。一级负荷中特别重要的负荷，除由双电源供电外，尚应增设应急电源。

14.1.11 供电系统中的各种变电所均应有两个电源，每个进线电源的容量应满足变电所全部一、二级负荷的要求。这两个电源可以来自不同变电所，也可来自同一变电所的不同母线。主变电所进线电源应至少有一个为专线电源。

14.1.14 直流牵引供电系统的电压及其波动范围应符合表 14.1.14 的规定。

直流牵引供电系统电压值　　　　　　　　　　　　　表 14.1.14

系统电压（V）		
标称值	最高值	最低值
750	900	500
1500	1800	1000

14.1.15 直流牵引系统及非线性用电设备所产生的谐波引起的电网电压正弦波形畸变率应予控制。

14.2.6 配电变压器的容量选择应满足一台配电变压器退出运行时，另一台配电变压器能负担供电范围内远期的一、二级负荷。

14.2.12 在地下使用的电气设备及材料，应选用体积小、低损耗、低噪音、防潮、无自爆、低烟、无卤、阻燃或耐火的定型产品。

14.2.21 变电所继电保护装置应力求简单，并满足可靠性、选择性、灵敏性和速动性的要求。

14.3.8 柔性接触线高度变化时，其坡度应符合表 14.3.8 的规定。

柔性接触线最大坡度值　　　　　　　　　　　　　表 14.3.8

列车速度（km/h）	接触线最大坡度（‰）	列车速度（km/h）	接触线最大坡度（‰）
10	40	90	6
30	20	120	5
60	10		

14.3.12 上网电缆、回流电缆的根数及截面，应根据大双边供电方式下的远期负荷计算确定，但每个回路的电缆根数不得少于两根。

14.3.21 接触网带电部分和结构体、车体之间的最小净距，应符合表 14.3.21 的规定。

接触网带电部分和结构体、车体之间的最小净距（mm）　　　表 14.3.21

标称电压	静态	动态	绝对最小动态
750V	25	25	25
1500V	150	100	60

14.4.1 电力电缆与控制电缆，在地下敷设时应采用低烟无卤阻燃电缆，在地上敷设时可采用低烟阻燃电缆。为应急照明、消防设施供电的电缆，明敷时应采用低烟无卤耐火铜芯电缆或矿物绝缘耐火电缆。重要信号的控制电缆宜采用金属屏蔽。

14.4.16 中压交流单相电力电缆的金属护层，必须直接接地，且在金属护层上任一点非接地处的正常感应电压应符合下列规定：

    1 未采取不能任意接触金属护层的安全措施时，不得大于 50V；

    2 采取不能任意接触金属护层的安全措施时，不得大于 100V。

14.7.8 直流牵引供电为不接地系统，牵引变电所中的直流设备应绝缘安装。

15.1.4 通信系统在灾害或事故的情况下应作为应急处理、抢险救灾的手段。

15.1.6 地铁隧道内托板托架的设置不应侵入设备限界；车载台无线天线的设置不应超出车辆限界。

15.2.8 在地铁沿线敷设的光缆、电缆等管线结构，应选择符合杂散电流腐蚀防护的材质、结构设计和施工方法。

15.2.9 隧道内的通信电缆、光缆应以绝缘方式进行敷设，电缆在支架上敷设时应具有 5mm 以上的塑料绝缘垫层。

15.2.10 地铁敷设光缆不设屏蔽地线，但接头两侧的金属护套及金属加强件应相互绝缘，光缆引入室内应做绝缘接头。

15.3.3 公务电话交换设备应具备综合业务数字网络（ISDN）功能。

15.4.7 防灾、环境与设备监控系统调度电话分机应设置在各车站、车辆段综合控制室以及车辆段的消防控制室等地点。

15.5.1 地铁应设置无线通信系统为控制中心调度员、车辆段调度员、车站值班员等固定用户与列车司机、防灾、维修、公安等移动用户之间提供通信手段。无线通信系统必须满足行车安全、应急抢险的需要。

15.5.5 地铁无线通信系统应具有选呼、组呼、全呼、紧急呼叫、呼叫优先级权限等调度通信功能，并应具有存储功能、监测功能等。

15.6.3 行车和防灾广播的区域应统一设置。防灾广播应优先于行车广播。

15.9.1 通信电源系统必须是独立的供电设备并具有集中监控管理功能。

15.9.2 通信电源系统应保证对通信设备不间断、无瞬变地供电。通信电源设备应满足通信设备对电源的要求。

15.9.3 地铁通信设备应按一级负荷供电。由变电所引接双电源双回线路的交流电源至通信机房交流配电屏，当使用中的一路出现故障时，应能自动切换至另一路。

15.9.7 通信设备的接地系统设计，应做到确保人身、通信设备安全和通信设备的正常工作。

16.1.1 地铁信号系统应由行车指挥和列车运行控制设备组成，并应设必要的故障监测和报警设备。

16.1.2 信号系统采用的器材和设备应符合有关现行国家标准或参照有关行业标准的规定。

16.1.3 涉及行车安全的设备及电路必须符合故障-安全的原则。安全系统必须经安全检测、认证并批准后方可采用。

16.1.4 信号系统应满足地铁行车组织和运营管理的需要，保证列车运行安全，提高行车效率，改善运营人员的工作条件。

16.1.5 地铁信号系统工程设计应满足大运量、高密度行车和不同列车编组的运营要求。

16.1.7 信号系统应具有高可靠性和高可用性。

16.1.8 信号系统必须具有良好的电磁兼容性。

16.1.10 信号系统的车载设备不得超出车辆限界，信号系统的地面设备不得侵入设备限界。

16.2.7 地铁列车的主要驾驶模式及模式转换的基本要求应符合下列规定：

    2 列车驾驶模式转换应符合下列规定：

        4) 为保证行车安全，在 ATC 控制区域内使用限制模式或非限制模式时应有破铅封、记录或特殊控制指令授权等技术措施。

16.2.8 ATC 系统应满足自系统设备和通信、供电等相关系统设备故障的特殊条件下安全行车的需要。ATC 系统应能降级运用，实现故障弱化处理，满足故障复原的需要。

16.2.9 ATC 系统的设计能力应符合下列规定：

    1 ATC 系统对车站、车辆段、停车场等的监控范围应按线路和站场所确定的建设规模设计。系统监控能力应与线路远期条件相适应；

    2 ATC 系统监控和管理的最少列车数量按远期配属列车数量计。新线设计时，车载信号设备实际配备数量，按初期或近期配属列车数量计；

16.3.2 ATS 系统的基本要求应符合下列规定：

    3 运营线路上的车站应纳入 ATS 系统监控范围，涉及行车安全的应急直接控制应由车站办理。车辆段、停车场可不全部列入系统监控范围；

    4 ATS 系统应满足列车运行交路的需要，凡有道岔的车站均应按具有折返作业处理；

    7 列车进路控制应以联锁表为依据，根据运行时刻表和列车识别号等条件实现控制；

    9 ATS 系统与联锁设备接口应满足：

        3) ATS 系统控制命令的输出持续时间应保证继电联锁设备的可靠动作，其与安全相关的接口应有可靠的隔离措施。

16.5.1 ATP 系统应具有下列主要功能：

    1 检测列车位置，实现列车间隔控制和进路的正确排列；

    2 监督列车运行速度，实现列车超速防护控制；

    3 防止列车误退行等非预期的移动；

    4 为列车车门、站台屏蔽门等的开闭提供安全监控信息；

16.5.2 ATP 系统的基本要求应符合下列规定：

    2 地铁必须配置 ATP 系统，其系统安全失效率指标应优于 $10^{-9}\,h^{-1}$。ATP 系统内部设备之间的信息传输通道也必须符合故障-安全原则；

    3 闭塞分区的划分或列车运行安全间隔，应通过列车运行模拟确定。为保证行车安全，在安全防护地点运行方向的后方应设安全防护距离或防护区段，安全防护距离应通过计算确定；

16.5.3 ATP 车载设备在满足 ATP 系统基本要求外，还应符合下列规定：

    1 ATP 系统导致列车停车为最高的安全准则。地-车连续通信中断、列车完整性电路断路、列车超速、列车的非预期移动、车载设备重要故障等均应导致安全性制动；

    2 ATP 车载设备的车内信号应是行车的主体信号。车内信号至少包括列车实际运行速度、列车运行前方的目标速度；在两端司机室内均应装设速度显示、报警装置和必要的切换装置；

16.5.5 联锁设备的基本要求应符合下列规定：

    1 确保进路上道岔、信号机和区段的联锁，联锁条件不符时，禁止进路开通。敌对进路必须相互照查，不得同时开通；

    2 装设引导信号的信号机因故不能开放时，应通过引导信号实现列车的引导作业；

    7 车站站台及车站控制室应设站台紧急关闭按钮。站台紧急关闭按钮电路应符合故障-安全原则；

    11 地铁固定信号机、表示器等的设置应遵循下列原则：

        1） 在 ATC 控制区域的线路上应设道岔防护信号机或道岔状态表示器。道岔防护信号机以显示禁止信号为定位。其他类型的信号机可根据需要设置；

        2） 具有出站性质以外的道岔防护信号机应设引导信号。具有两个及两个以上运行方向的信号机可设进路表示器；

        3） 信号机应设在列车运行方向的右侧。特殊情况可设于列车运行方向的左侧或其他位置；

        4） 信号机等应采用白炽灯或其他光源构成的色灯式信号机；

        5） 车站应设发车指示器或发车计时装置。

    12 各种地面信号机及表示器的显示距离应符合下列规定：

        1） 行车信号和道岔防护信号应不小于 400m；

        2） 调车信号和道岔状态表示器应不小于 200m；

        3） 引导信号和道岔状态表示器以外的各种表示器应不小于 100m。

16.8.2 信号系统供电应满足下列要求：

    1 供电负荷等级应为一级负荷，设两路独立电源。车上设备应由车上直流电源直接供电或经变流设备供电；

17.1.1 当地铁设置电梯用于运送乘客时，应满足坐轮椅者和盲人使用。电梯的提升速度不小于 0.63m/s，载重量不小于 1t。

17.1.7 地铁车站自动扶梯应采用公共交通型重载扶梯，其传输设备（主要包括梯级、梳齿板、扶手带、传动链、梯级链、内外装饰板、传动机构等）应采用不燃或难燃材料。

17.3.3 自动扶梯的踏步面至顶部洞口处的建筑物底面垂直净空高度不应小于 2300mm。

17.3.7 自动扶梯的安装位置应避开建筑物变形缝。

18.1.2 自动售检票系统的设计能力应满足地铁超高峰客流量的需要。自动售检票设备的数量按近期超高峰客流量计算确定，按远期超高峰客流量预留位置与安装条件。

18.1.6 自动售检票系统应能满足地铁各种运营模式的要求。

18.1.9 自动售检票系统的设备应具有 24 小时不间断工作的能力。

18.2.1 自动售检票系统应由中央计算机系统、车站计算机系统、车站售检票设备和传输系统等组成。

19.1.3 地下车站站厅乘客疏散区 站台及疏散通道内不得设置商业场所。站厅及与地铁相联开发的地下商业等公共场所的防火灾设计，应符合民用建筑设计防火规范的规定。

19.1.7 地铁的地下工程及出入口、通风亭的耐火等级为一级。

19.1.9 地铁与地下及地上商场等地下建筑物相连接时，必须采取防火分隔设施。

19.1.10 地下车站站台和站厅乘客疏散区应划为一个防火分区。其他部位的防火分区的最大允许使用面积不应大于 1500m²。地上车站不应大于 2500m²。

两个防火分区之间采用耐火极限 4h 的防火墙和甲级防火门分隔。在防火墙设有观察窗时，应采用 C 类甲级防火玻璃。

注：消防泵房、污水泵房、蓄水池、厕所和盥洗室的面积可不记入防火分区面积内。

19.1.13 车站的站台、站厅、出入口楼梯、疏散通道、封闭楼梯间等乘客集散部位，以及各设备、管理用房，其墙、地及顶面的装修材料，以及广告灯箱、座椅、电话亭和售、检票亭等所用材料，应采用不燃材料，同时，装修材料不得采用石棉、玻璃纤维制品及塑料类制品。

19.1.15 地下车站防火分区（有人区）安全出口的设置应符合下列规定：

1 车站站台和站厅防火分区，其安全出口的数量不应少于两个，并应直通车站外部空间；

2 其他各防火分区安全出口的数量也不应少于两个，并应有一个安全出口直通外部空间。与相邻防火分区连通的防火门可作为第二个安全出口。竖井爬梯出入口和垂直电梯不得作为安全出口；

3 与车站相联开发的地下商业等公共场所，通向地面的安全出口应符合现行《建筑设计防火规范》的规定。

19.1.19 出口楼梯和疏散通道的宽度，应保证在远期高峰小时客流量时发生火灾的情况下，6min 内将一列车乘客和站台上候车的乘客及工作人员全部撤离站台。

19.1.22 两条单线区间隧道之间，当隧道连贯长度大于 600m 时，应设联络通道，并在通道两端设双向开启的甲级防火门。

19.1.27 地下车站站厅、站台、设备及管理用房区域、人行通道、地下区间隧道应设室内消火栓，地面或高架车站室内消火栓的设置应符合现行国家标准《建筑设计防火规范》的规定。

19.1.29 在地下车站出入口或通风亭的口部等处明显位置应设水泵接合器，并在 15～40m 范围内设置室外消火栓。地面或高架车站水泵接合器的设置应符合现行国家标准《建筑设计防火规范》的规定。

19.1.30 当地铁车站必须设消防泵和消防水池时，消防水池的有效容积应满足消防用水量的要求。消火栓系统的用水量火灾延续时间按 2h 计算，当补水有保证时可减去火灾延续时间内连续补充的水量。

19.1.31 地下车站的车站控制室、通信及信号机房、地下变电所应设置气体自动灭火装置。地上运营控制中心气体灭火装置的设置，应按现行建筑设计防火规范的规定执行。

19.1.32 地铁工程应按现行国家标准《建筑灭火器配置设计规范》的规定配置灭火器。

19.1.33 地下车站及区间隧道内必须设置防烟、排烟与事故通风系统。

19.1.35 当防烟、排烟系统与事故通风和正常通风与空调系统合用时，通风与空调系统应采用可靠的防火措施，且应符合防烟、排烟系统的要求，并应具备事故工况下的快速转换功能。

19.1.36 防烟、排烟系统与事故通风应具有下列功能：

1 当区间隧道发生火灾时，应能背着乘客疏散方向排烟，迎着乘客疏散方向送新风；

2 当地下车站的站厅、站台或设备及管理用房发生火灾时应具备防烟、排烟和通风功能；

3 当列车阻塞在区间隧道时，应能对阻塞区间进行有效通风。

19.1.39 地下车站站台、站厅火灾时的排烟量，应根据一个防烟分区的建筑面积按 $1m^3/(m^2 \cdot min)$ 计算。当排烟设备负担两个防烟分区时，其设备能力应按同时排除两个防烟分区的烟量配置。当车站站台发生火灾时，应保证站厅到站台的楼梯和扶梯口处具有不小于 1.5m/s 的向下气流。

19.1.47 地铁公用通信的程控电话应具有火警时能自动转换到市话网的"119"的功能。同时，地铁内应配备在发生灾害时供救援人员进行地上、地下联络的无线通信设施。

19.1.54 消防用电设备按一级负荷供电，并应在末级配电箱处设置自动切换装置，当发生火灾切断生产、生活用电时，应能保证消防设备正常工作。

19.1.58 下列部位应设置疏散应急照明：

1 站厅、站台、自动扶梯、自动人行道及楼梯口；

2 疏散通道及安全出口；

3 区间隧道。

19.1.60 下列部位应设置醒目的疏散指示标志：

1 站厅、站台、自动扶梯、自动人行道及楼梯口；

2 人行疏散通道拐弯处、交叉口及安全出口；沿通道长向每隔不大于 20m 处；

3 疏散通道和疏散门均应设置灯光疏散指示标志，并设有玻璃或其他不燃烧材料制作的保护罩；

4 指示标志距地面小于 1m。

5 站台、站厅、疏散通道等人员密集部位的地面，宜设置保持视觉连续的发光疏散指示标志。

19.1.61 地铁车站出入口及敞口低风井等口部的防淹措施，应满足当地防洪要求。

19.2.7 FAS 的车站监控管理级和现场控制级由火灾探测器、火灾报警控制器、计算机工作站、打印机等组成，并应具备下列功能：

4 车站控制室应能控制地铁消防救灾设备的启、停，显示运行状态；

19.2.13 车站 FAS 必须显示气体自动灭火系统保护区的报警、放气、风机和风阀状态、手动/自动放气开关所处位置。

19.2.20 火灾探测器设置应符合下列原则：

1） 站厅、站台、各种设备机房、库房、值班室、办公室、走廊、配电室、电缆隧道或夹层应设火灾探测器；

19.2.21 设置火灾探测器的场所应设置手动报警按钮。

20.1.1 地铁环境与设备监控系统（BAS）的设计应针对地铁的特点和各城市的气候环境、经济情况，设置不同水平的 BAS，以达到营造良好舒适环境、降低能源消耗、节省人力、提高管理水平的目的。

20.1.2 BAS 应遵循分散控制、集中管理、资源共享的基本原则。

20.1.4 通风、空调、低压配电和 BAS 的设计应统一设计标准，协调各系统设计接口关系。

20.2.1 BAS 宜采用分布式计算机系统，由中央管理级、车站监控级、现场控制级及相关通信网络组成。

20.3.1 BAS 应具有以下基本功能：

1 机电设备监控；

2 执行防灾及阻塞模式；

3 环境监控与节能运行管理；

4 环境和设备的管理。

20.3.3 执行防灾及阻塞模式应具有下列功能：

1 能接收 FAS 系统车站火灾信息，执行车站防烟、排烟模式；

2 能接收列车区间停车位置信号，根据列车火灾部位信息，执行隧道防排烟模式；

3 能接收列车区间阻塞信息，执行阻塞通风模式；

4 能监控车站逃生指示系统和应急照明系统；

5 能监视各排水泵房危险水位。

20.4.3 车站级硬件应按下列要求配置：

1 配置工控计算机作为车站级操作工作站；

2 配置在线式不间断电源，后备时间不应小于 30min；

3 配置一台打印机兼作历史和报表打印机；

4 配置车控室紧急控制盘（IBP 盘），作为 BAS 火灾工况自动控制的后备措施，其操作权限高于车站和中央工作站，盘面应以火灾工况操作为主，操作程序应力求简便、直接；

5 操作工作站不应兼有网关功能。

20.5.1 软件系统应与硬件系统配置相适应，应在成熟、可靠、开放的监控系统软件平台的基础上，按地铁功能需求开发应用软件。

20.6.1 网络结构应符合下列规定：

1 中央级与车站级之间的传输网络应由通信系统提供；

2 满足中央级和车站级监控的功能需要；

3 减小故障的波及面，实现"集中管理，分散控制"；

4 系统应具有良好的可靠性、开放性和可扩展性。

20.6.4 车站级网络应具有下列功能；

1 车站级局域网连接控制器、操作站和通信设备，必须保证数据传输实时可靠，并应具备良好的开放性和采用标准通信协议；

20.7.1 BAS 管线布置应具有安全可靠性、开放性、灵活性、可扩展性及实用性。

20.7.2 BAS 布线应考虑周围环境电磁干扰的影响。

20.7.3 BAS 的信号线与电源线不应共用一条电缆，也不应敷设在同一根金属套管内。

20.7.4 采用屏蔽布线系统时，应保持系统中屏蔽层的连续性，以满足系统接地的可靠性。

21.1.1 为确保地铁列车安全、可靠和高效的运行，对地铁运营过程实施全面的集中监控和管理，应建立运营控制中心（OCC）。

21.1.5 控制中心的调度人员通过使用信号、火（防）灾自动报警、环境与设备监控、电力监控、自动售检票和通信等系统中央级设备对地铁运行的全过程进行集中监控和管理。

在条件允许时，也可配备其他与地铁运营、管理和安全有关的系统和设备。

21.1.7　控制中心的总体布置应考虑安全、可靠，操作、维修及管理方便，运营成本低廉等。根据具体设备的数量，经济合理地确定控制中心的规模、水平、运作管理模式及装修标准，并适当预留将来发展的余地。

21.2.3　设备区各系统设备的布置及设计应满足下列要求：

　　3　大功率的强电设备不得与弱电设备混合安装和布置。各电气系统设备用房不得有水管穿过，风管穿过时应安装防火阀；

22.1.3　车辆段与综合基地的设计，应初、近、远期结合，统一规划，分期实施。其车辆的配置应按初期运营需要配置，以后根据运营的需要逐步添置；站场股道、房屋建筑和机电设备等应按近期需要设计；用地范围应按远期规模并在远期站场股道和房屋规划布置的基础上确定。

22.1.7　车辆段与综合基地设计应有完善的消防设施。总平面布置、房屋设计和材料、设备的选用等应符合现行有关防火规范的规定。

22.1.8　车辆段与综合基地设计应对所产生的废气、废液、废渣和噪声等进行综合治理，并符合现行国家和地方有关规范的规定。

　　车辆段与综合基地污水处理的工艺应经当地政府主管部门批准；环境保护设施应与主体工程同时设计、同时施工、同时投产。

22.1.9　车辆段与综合基地内应有运输道路及消防道路，并应有不少于两个与外界道路相连通的出口。

22.2.8　车辆段、停车场的规模应满足功能和能力的要求，并根据列车对数、列车编组、管辖范围内配属列车数、车辆技术参数、检修周期和检修时间计算确定。

22.3.6　运用库各种库线均应根据车辆的受电方式设置架空接触网或地面接触轨。地面接触轨应分段设置并加装安全防护罩，列检库和月检线的架空接触网列位之间和库前均应设置隔离开关或分段器，并均应设有送电时的信号显示或音响。

22.4.13　油漆库可根据需要按台位设置，库内应设通风、给排水设施和压缩空气管路，并应有环保措施。库内电气设备均应采取防爆措施。油漆库的尺寸应根据工艺要求确定。

22.6.1　综合维修中心是地铁系统各种设备和设施的维修管理单位。其功能应满足全线线路、路基、轨道、桥梁、涵洞、隧道、房屋建筑和道路等设施的维修、保养工作，以及供电、通信、信号、机电设备和自动化设备的维修和检修工作的需要。

22.9.1　车辆段与综合基地内应设救援办公室，受地铁控制中心指挥。

22.10.2　沿海或江河附近地区车辆段与综合基地的线路路肩设计高程不应小于 1/1000 潮水位、波浪爬高值和安全高之和。

22.10.5　车辆段与综合基地应根据地铁供电系统的要求、车辆段的规模和布置，以及生产工艺需要等设置牵引变电所和降压变电所及动力、照明设施。

　　车场牵引供电系统应根据作业和安全要求实行分区供电。

　　当牵引供电采用接触轨方式时，车场线路的外侧应设安全防护栅栏。

23.2.1　地铁噪声污染防治设计应遵循《中华人民共和国环境噪声污染防治法》的规定，符合现行国家标准《城市区域环境噪声标准》、《工业企业厂界噪声标准》以及《城市区域环境噪声标准适用区域划分技术规范》的规定。

23.2.6 不采用屏蔽门系统的地铁车站站台应进行列车走行区墙面的吸声处理，以降低混响声的影响。地铁车站站台列车进、出站平均等效声级应符合现行国家标准《地下铁道车站站台噪声限值》的规定。

23.2.7 对于建成区，地面、高架线路应远离噪声敏感区域和重要敏感建筑等环境保护目标。列车运行噪声对环境的影响应符合现行国家标准《城市区域环境噪声标准》中相应区域噪声限值的规定。地面、高架线路两侧属交通干线两侧区域的敏感建筑应达到 4 类区的噪声限值。

23.2.10 风亭、冷却塔的位置应避开环境敏感区域。对于建成区，在交通干线两侧区域设置的风亭、冷却塔，其噪声应达到现行国家标准《城市区域环境噪声标准》4 类区的噪声限值；位于 2 类区和 1 类区内的风亭、冷却塔，其噪声应达到相应区域噪声限值。

23.2.13 车辆段和停车场的位置应选在非环境敏感区域。车辆段和停车场的厂界噪声应符合现行国家标准《工业企业厂界噪声标准》中相应区域噪声限值的规定。

23.3.1 地铁振动污染防治设计应符合现行国家标准《城市区域环境振动标准》的规定。

23.4.1 地铁大气污染防治设计应遵循《中华人民共和国大气污染防治法》的规定，符合现行国家标准《锅炉大气污染物排放标准》和《饮食业油烟排放标准》的规定。

23.4.6 采用燃煤锅炉时应安装除尘设备和脱硫装置。锅炉大气主要污染物的排放浓度应符合现行国家标准《锅炉大气污染物排放标准》的规定。

23.4.7 车辆段食堂操作间应安装油烟净化设施。油烟排放浓度应符合现行国家标准《饮食业油烟排放标准》的规定。

23.5.1 地铁废水污染防治设计应遵循《中华人民共和国水污染防治法》的规定，符合地方污水排放标准或现行国家标准《污水综合排放标准》的规定。

23.5.4 当车站附近无城市污水排水系统时，应对车站的生活污水进行处理，达到地方或国家污水排放标准后排放。

23.5.8 车辆段的含油等生产废水必须进行处理，达到地方或国家污水排放标准后排放。

23.5.9 若车辆段污水需向自然水体排放时，污水处理及污染物的排放应符合现行国家标准《污水综合排放标准》。

23.6.2 主变电站及列车运行中所产生的电磁辐射，其工频电场、工频磁场对公众环境生物效应的影响应符合现行国家标准《电磁辐射防护规定》的规定。

23.7.1 地铁选线、选址必须合理使用国土资源，应充分利用荒地、劣地。

23.7.2 地铁选线应考虑文物保护单位、自然保护区、风景名胜区和其他需要特殊保护地区的保护。

二、《铁路桥涵设计基本规范》TB 10002.1— 2005/J 460—2005（11 条）

1.0.5 桥涵结构在设计、制造、运输、安装和运营过程中，应具有规定的强度、刚度、稳定性和耐久性。桥梁结构应按 100 年设计使用年限设计。桥涵结构设计时，还应进行长大货物列车限速通过的检算。长大货物列车限速检算可按现行《铁路桥梁检定规范》（铁运函〔2004〕120 号）的有关规定办理。

结构设计应力求技术先进、经济合理，构件应力求标准化，便于制造和机械化施工，并应满足养护、抢修、检测、维修要求，配备必需的设施设备。

桥梁设计应结合环境，考虑造型美观。

1.0.7 桥涵应按表 1.0.7 的洪水频率标准进行设计或检算。

桥涵洪水频率标准 表 1.0.7

铁路等级	设计洪水频率		检算洪水频率
	桥梁	涵洞	特大桥（或大桥）属于技术复杂、修复困难或重要者
I 级、II 级	1/100	1/100	1/300

注：1. 若观测洪水（包括调查洪水）频率小于表列标准的洪水频率时，应按观测洪水频率设计，但当观测洪水频率小于下列频率时，应按下列频率设计；

　I、II 级铁路的特大桥及大中桥为 1/300，小桥及涵洞为 1/100。

2. 当水位不随流量而定，如逆风、冰塞、潮汐、倒灌、河床变迁、水库蓄水及其他水工建筑物的壅水等，则流量与水位应分别确定。

3. 设在水库淹没范围内的桥涵，仍采用表列洪水频率标准。设在水坝下游的桥涵，若水库设计洪水频率标准高于桥涵洪水频率标准，则按表列标准的水坝泄洪量加桥坝之间的汇水量作为桥涵设计及检算流量；若水库校核洪水频率标准低于桥涵洪水频率标准，则应与有关部门协商，提高水坝校核洪水频率标准，使之与铁路桥涵洪水频率标准相同。如有困难，除按河流天然状况设计外，并应适当考虑破坝可能对桥涵造成的不利影响。

4. 在水坝上下游影响范围内的桥涵，如遇水库淤积严重等情况可能对桥涵造成不利影响时，桥涵的设计洪水频率标准可酌量提高。

5. 有压和半有压涵洞的孔径应按设计路堤高度的洪水频率检算。

6. 改建既有线或增建第二线时的洪水频率，应根据多年运营情况和水害的具体情况加以考虑，利用既有建筑物，避免大拆大改。

3.1.2 I 级铁路与道路交叉应采用立体交叉：

3.2.5 不通航亦无流筏的桥孔，其桥下净空高度应符合表 3.2.5 的规定。

桥下净空高度 表 3.2.5

序号	桥的部位	高出设计洪水频率水位加 Δh 后的最小高度（m）	高出检算洪水频率水位加 Δh 后的最小高度（m）
1	梁底（洪水期无大漂流物时）	0.50	0.25
2	架底（洪水期有大漂流物时）	1.50	1.00
3	梁底（有泥石流时）	1.00	—

续表

序号	桥的部位	高出设计洪水频率水位加 Δh 后的最小高度（m）	高出检算洪水频率水位加 Δh 后的最小高度（m）
4	支承垫石顶	0.25	—
5	拱肋和拱圈的拱脚	0.25	—

注：1. 表中的"设计（或检算）洪水频率水位"系指相应于第 1.0.7 条表 1.0.7 中的设计（或检算）洪水频率的水位；"Δh"系表示根据河流具体情况，分别考虑壅水、浪高、河弯超高、河床淤积、局部股流清高等影响的高度；

2. 洪水期无大漂流物通过的河流，实腹式无铰拱桥的拱脚，允许被设计洪水频率水位加 Δh 后的水位淹没，但此水位不应超过矢高之半，且距拱顶的净高亦不应少于 1.0m；

3. 有严重泥石流或钢梁下在洪水期有大漂流物通过时，应根据具体情况，采用大于表列的净空高度。

5.1.1 梁式桥跨结构在计算荷载最不利组合作用下，横向倾覆稳定系数不应小于 1.3。

钢筋混凝土悬臂梁式桥跨结构在相应于应力超过容许值 30% 时的竖向活载作用下的纵向倾覆稳定系数不应小于 1.3。

5.1.2 梁式桥跨结构由于列车竖向静活载所引起的竖向挠度不应超过表 5.1.2 的容许值（表中的 L 为简支梁或连续梁检算跨的跨度）。计算钢梁的挠度时不考虑平联及桥面系共同作用的影响。

梁式桥跨结构竖向挠度容许值表 表 5.1.2

桥 跨 结 构		挠度容许值
简支钢桁梁		$L/900$
连续钢桁梁	边 跨	$L/900$
	中 跨	$L/750$
简支钢板梁		$L/900$
简支钢筋混凝土和预应力混凝土梁		$L/800$
连续钢筋混凝土和预应力混凝土梁	边 跨	$L/800$
	中 跨	$L/700$

5.1.3 梁体的横向刚度应按梁体的横向自振频率和梁体的水平挠度进行控制。

1 不同结构类型桥梁的横向自振频率 f 应满足表 5.1.3 容许值的要求。

不同结构类型桥梁的横向自振频率 f 容许值 表 5.1.3

结 构 类 型	适用跨度 L（m）	横向自振频率 f 容许值（Hz）
上承式钢板梁	24～40	$>60/L^{0.8}$
下承式钢板梁	24～32	$>55/L^{0.8}$
半穿式钢桁梁	40～48	$>60/L^{0.8}$
下承式钢桁梁	48～80	$>65/L^{0.8}$
预应力混凝土梁	24～40	$>55/L^{0.8}$

2 在列车摇摆力、离心力和风力的作用下，梁体的水平挠度应小于或等于梁体计算跨度的 1/4000。对温度变形敏感的结构，尚应根据实际情况考虑温度作用的影响。

5.3.1 墩台类型应根据桥址地形、地质、水文、线路、上部结构、施工条件、刚度要求和经济等因素综合选定。通常可采用实体墩台及厚壁空心墩，不得采用柔性墩、耳墙式桥台和轻型结构。并应考虑下列要求：

1 受车、船、筏、漂流物撞击、磨损或受冰压力等作用时，在上述外力作用高度以下部分，不得采用空心墩；

2 同一座桥内，宜减少墩台类型。

5.3.2 墩台身应检算强度、整体纵向弯曲稳定、墩台顶弹性水平位移，基底应检算压应力、合力偏心、基底倾覆稳定和滑动稳定等。

5.3.3 墩台基础变位及刚度限值的规定：

1 墩台基础的沉降应按恒载计算。对于外静定结构，有碴桥面工后沉降量不得超过80mm，相邻墩台均匀沉降量之差不得超过 40mm；明桥面工后沉降量不得超过 40mm，相邻墩台均匀沉降量之差不得超过 20mm。

对于外超静定结构，其相邻墩台均匀沉降量之差的容许值，应根据沉降对结构产生的附加应力的影响而定。

2 墩台的纵向及横向水平刚度应满足列车行车安全性和旅客乘车舒适度的要求，并对最不利荷载作用下墩台顶的横向及纵向计算弹性水平位移进行控制。

1） 由墩台横向水平位移差引起的相邻结构物桥面处轴线间的水平折角（如图 5.3.3），当桥跨小于 40m 时，不得超过 1.5‰；当桥跨等于或大于 40m 时，不得超过 1.0‰。

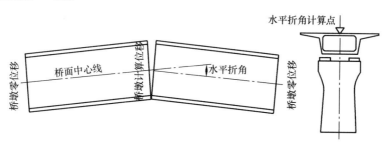

图 5.3.3　水平折角示意图

其荷载组合为：

——竖向静荷载；

——曲线上列车的离心力；

——列车的横向摇摆力；

——列力、梁及墩身风荷载或 0.4 倍的风荷载与 0.5 倍的桥墩温差组合作用，取较大者；

——水中墩的水流压力作用；

——地基基础弹性变形引起的墩顶水平位移。

墩台横向水平位移限值，当桥梁跨度小于 20m 时，采用桥梁跨度 20m 的墩台横向水平位移限值。

2） 墩台顶帽面顺桥方向的弹性水平位移应符合下列规定：

$$\Delta \leqslant 5\sqrt{L}$$

式中　L——桥梁跨度（m）：当 $L<24\mathrm{m}$ 时，L 按 24m 计算；当为不等跨时，L 采用相邻中较小跨的跨度；

　　　Δ——墩台顶帽面处的水平位移（mm），包括由于墩台身和基础的弹性变形，以及基底土弹性变形的影响。

　　计算混凝土、石砌及钢筋混凝土墩台水平变位时，截面惯性矩 I 按全截面考虑，混凝土和石砌墩台的抗弯刚度取为 $E_0 I$，钢筋混凝土墩台的抗弯刚度取为 $0.8E_0 I$，E_0 为墩台身的受压弹性模量。

5.4.18 涵洞基础应计算工后沉降，其工后沉降量不应大于 100mm。涵洞的工后沉降量不满足上述要求时，应进行地基处理。

三、《铁路桥涵钢筋混凝土和预应力混凝土结构设计规范》 TB 10002.3—2005/J 462—2005（25条）

1.0.5 桥梁上部结构应有足够的强度及竖向、横向和抗扭刚度。采用T形梁时，必须对横隔板施加预应力将梁片连为整体，必要时桥面应连接。

1.0.6 特殊结构及代表性桥梁应进行车桥耦合动力分析，其行车安全性、平稳性及舒适度指标应符合铁道部《铁路桥涵设计基本规范》（TB 10002.1—2005）第1.0.9条的规定。

1.0.7 铁路桥涵钢筋混凝土和预应力混凝土结构按100年设计使用年限进行设计，还应进行长大货物列车限速通过的检算。

1.0.8 铁路桥涵结构混凝土除应符合本规范外，尚应符合《铁路混凝土结构耐久性设计暂行规定》的有关规定。

5.3.1 受拉区域的钢筋可以单根或两至三根成束布置，钢筋的净距不得小于钢筋的直径（对带肋钢筋为计算直径），并不得小于30mm。当钢筋（包括成束钢筋）层数等于或多于三层时，其净距横向不得小于1.5倍的钢筋直径并不得小于45mm，竖向仍不得小于钢筋直径并不得小于30mm。

光钢筋端部半圆形弯钩的内径不得小于2.5倍钢筋直径（直钩的半径不得小于2.5倍钢筋直径），并在钩的端部留一直段，其长度不小于3倍钢筋直径（图5.3.1）。

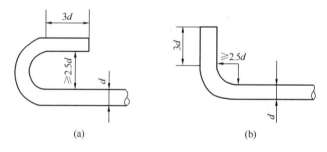

图5.3.1 钢筋标准弯钩图
（a）平面钩；（b）直钩

上述有关直钩的规定，也适用于带肋钢筋。

5.3.2 钢筋混凝土结构最外层钢筋的净保护层厚度不得小于35mm，并不得大于50mm，对于顶板有防水层及保护层的最外层钢筋净保护层不得小于30mm。

5.3.3 钢筋的锚固及最小弯曲半径应符合下列规定：

1 钢筋最小锚固长度应符合表5.3.3的规定；

2 梁端部钢筋伸过支点的长度应不小于10倍的钢筋直径，并设置标准弯钩；

3 钢筋的最小弯曲半径；

Q235 钢筋的最小弯曲半径应为 10 倍钢筋直径，HRB335 钢筋的最小弯曲半径应为 12 倍钢筋直径。

钢筋最小锚固长度（mm）　　　　　　　　表 5.3.3

钢筋种类	锚　固　条　件		混凝土强度等级	
			C25	C30～C60
Q235 级	受压钢筋		30d 或（10d＋直钩）	
	受拉构件钢筋		25d＋半圆钩	20d＋半圆钩
	受弯及偏心受压构件中的受拉钢筋	锚于受压区	10d＋直钩	
		锚于受拉区	20d＋半圆钩	
	弯起钢筋	伸入受压区长度不小于 20d	不设与纵筋平行的直段，端部采用直钩	
		伸入受压区长度小于 20d	设与纵筋平行的长度为 10d 直段，并加直钩	
		锚于受拉区	25d＋半圆钩	
HRB335 级	受压钢筋		25d 或（15d＋直钩）	
	受拉构件钢筋		30d＋直钩	25d＋直钩
	受弯及偏心受压构件中的受拉钢筋自不受力处算起的锚固长度	锚于受压区	15d	
		锚于受拉区	25d＋直钩	
	弯起钢筋	伸入受压区长度不小于 25d	不设与纵筋平行的直段	
		伸入受压区长度小于 25d	设与纵筋平行长度为 20d 的直段	
		锚于受拉区	25d＋直钩	

注：1. 表中 d 为钢筋计算直径；

　　2. 受拉的 HRB335 钢筋直径大于 25mm 时，其锚固长度应按表中值加 5d；

　　3. 受弯及大偏心受压构件中的受拉钢筋截断时宜避开受拉区，表中数值仅在困难条件下采用。

5.3.5 在杆件的受拉区域凹角处布置钢筋时，不得将钢筋按凹角弯曲，必须设置互相交叉形成凹角的单独钢筋，此外在该处尚应设置足以承受不小于所有纵向钢筋合力 35% 的横向钢筋。

5.3.6 对直径大于 25mm 的光钢筋以及所有带肋钢筋的接头均不得采用搭接。直径较小的光钢筋可采用搭接，此时钢筋端部应弯成半圆形弯钩，两钩切点间的距离对受拉钢筋不得小于 30d，对受压钢筋不得小于 20d。在搭接范围内应用铁丝捆扎。

焊接接头的抗拉强度不应低于钢筋本身的强度。

5.3.7 板的一般构造可按表 5.3.7 采用。

板的一般构造　　　　　　　　表 5.3.7

项　　目	板　的　种　类	
	道碴槽板	人行道板
板的最小厚度（mm）	120	80
板内受力钢筋最小直径（mm）	10	8
板内受力钢筋最大间距（mm）	200	200
板内受力钢筋伸入支点数量	不少于 3 根及跨度中间钢筋截面积的 1/4	—

续表

项　目	板 的 种 类	
	道碴槽板	人行道板
板内分配钢筋最小直径（mm）	8	6
板内分配钢筋最大间距（mm）	300	—

注：1. 预制人行道板的最小厚度可用 70mm；

　　2. 在所有受力钢筋转折处均应设置分配钢筋。

5.3.8　根据计算板内不需要斜筋时，也应采用弯起钢筋并采用适当的架立钢筋（人行道板除外）。

5.3.9　梁式板如不仅支承于主梁上，同时也支承于横隔板上时，则在横隔板上方的板顶部，应设置垂直于横隔板的钢筋，其直径不应小于分配钢筋的直径，其间距不应大于 200mm，也不应大于板厚的 2 倍。

5.3.11　道碴槽的边墙应设置必要的断缝。当人行道悬臂板与边墙或道碴槽板筑成整体时，也应设置断缝。

5.3.12　梁式桥两主梁之间应根据梁腹板的高度和厚度在支点及跨间设置横隔板（必要时增设加劲肋）。分片式 T 梁必须设置横隔板。

5.3.15　梁内伸入支点的主钢筋不得少于跨中截面主钢筋数量的 1/4，并且不少于 2 根，伸入支点的长度不得小于 10 倍的钢筋直径，并加设标准弯钩。

5.3.16　梁高大于 1m 时，在梁腹高度范围内应设置纵向水平钢筋，其间距为 100～150mm，直径不应小于 8mm。

6.1.5　预应力混凝土桥涵结构应按下列规定检算其强度、抗裂性、应力、裂缝宽度及变形：

　1　按破坏阶段检算构件截面强度。构件在预加应力、运送、安装和运营阶段的破坏强度安全系数不应低于表 6.1.5 所列数值。

　2　对不允许出现拉应力的预应力混凝土结构，按弹性阶段检算截面抗裂性，但在运营阶段正截面抗裂性检算中，应计入混凝土受拉塑性变形的影响。构件的抗裂安全系数不应低于表 6.1.5 所列数值。

安 全 系 数　　　　　　表 6.1.5

安全系数类别		符号	安 全 系 数		
			主力	主力+附加力	安装荷载
强度安全系数	纵向钢筋达到抗拉计算强度，受压区混凝土达到抗压极限强度	K	2.0	1.8	1.8
	非预应力箍筋达到计算强度	K_1	1.8	1.6	1.5
	混凝土主拉应力达到抗拉极限强度	K_2	2.0	1.8	1.8
抗裂安全系数		K_f	1.2	1.2	1.1

注：1. 对于制造工艺不符合工厂制造条件的结构，表 6.1.5 所列主力及主力加附加力作用下的各项强度安全系数均应增大 10%；

　　2. 关于架桥机通过时的截面检算应按本规范第 6.4.14 条办理。

　3　按弹性阶段检算预加应力、运送、安装和运营等阶段构件内的应力；对允许开裂的预应力混凝土结构，检算运营阶段应力时，不应计入开裂截面受拉区混凝土的作用。

4 运营阶段正截面混凝土拉应力超过 $0.7f_{ct}$ 时，应按开裂截面计算。

允许开裂的预应力混凝土结构，应检算其在运营阶段和架桥机通过时，开裂截面的裂缝宽度。

5 按弹性阶段计算梁的变形（挠度和转角）。

6.1.6 在有少量酸、碱、盐的液体或大量含氧的水、侵蚀性气体、侵蚀性工业或海洋大气等严重环境腐蚀条件下，不得采用允许开裂的预应力混凝土结构。

6.3.1 计算预应力混凝土结构截面应力时，对于后张法结构，在钢筋管道内压注水泥浆以前，应采用被管道削弱的净混凝土并计入非预应力钢筋后的换算截面（即净截面）。在建立了钢筋与混凝土间的粘结力后，则采用全部换算截面（但对受拉构件、受弯及大偏心受压构件中运营荷载作用时的受拉区，不计管道部分）。对于先张法结构，应采用换算截面。

注：对于配置较少非预应力钢筋的构件（一般指不允许出现拉应力的构件）计算换算截面时，可不考虑非预应力钢筋。

6.5.2 预应力钢筋或管道间的净距应按下列规定采用：

  1 对于采用钢丝束及预应力混凝土用螺纹钢筋的后张法结构；

    1） 钢丝束及预应力混凝土用螺纹钢筋布置在梁体内，其管道间净距，当管道直径等于或小于 55mm 时，不应小于 40mm；当管道直径大于 55mm 时，不应小于管道外径；

    2） 布置在明槽内时，钢丝束及预应力混凝土用螺纹钢筋净距不应小于钢丝束及钢筋直径或不小于：

      水平方向——30mm；

      垂直方向——20mm。

  2 在先张法结构中，预应力钢绞线及预应力混凝土用螺纹钢筋之间的净距不应小于 1.5 倍直径，且不小于 30mm。预应力钢筋端部周围应采用局部加强措施（如设置钢筋网等）。

6.5.3 预应力钢筋或管道表面与结构表面之间的保护层厚度，在结构顶面和侧面均不应小于 1 倍管道直径，并不小于 50mm；在结构底面不应小于 60mm。

6.5.4 先张法结构中钢绞线锚固长度不应小于 130 倍的钢绞线直径。

6.5.13 距结构表面最近的箍筋等普通钢筋的净保护层厚度不得小于 35mm。

对于顶板有防水层及保护层的最外层钢筋其净保护层厚度不得小于 30mm。

6.5.21 锚头与垫板接触处四周应采用防水涂料进行防水处理，对锚具应进行防锈处理，外露锚头周围应设置钢筋网，钢筋网宜与梁体伸出钢筋连接，然后灌筑微膨胀混凝土，其强度等级不宜低于 C35。在封端及封锚范围内应采用防水涂料进行防水处理。

7.4.1 纵向活动支座的横桥向应设置可靠的横向限位装置，使支座的横向位移不大于 1mm。

四、《铁路桥涵地基和基础设计规范》
TB 10002.5—2005/J 464—2005（9 条）

1.0.4 桥涵地基基础的设计，应保证具有足够的强度、刚度、稳定性、耐久性和符合规定的沉降控制，并按满足 100 年设计使用的年限设计。

1.0.9 墩台明挖基础和沉井基础的基底埋置深度应符合下列规定：

1 除不冻胀土外，对于冻胀、强冻胀和特强冻胀土应在冻结线以下不小于 0.25m；对于弱冻胀土，不应小于冻结深度。

2 在无冲刷处或设有铺砌防冲时，不应小于地面以下 2.0m，特殊困难情况下不小于 1m。

3 在有冲刷处，基底应在墩台附近最大冲刷线下不小于下列安全值：对于一般桥梁，安全值为 2m 加冲刷总深度的 10%；对于特大桥（或大桥）属于技术复杂、修复困难或重要者，安全值为 3m 加冲刷总深度的 10%，如表 1.0.9 所示。

基底埋置安全值　　　　　　　　　　　　　　　表 1.0.9

冲刷总深度（m）			0	5	10	15	20
安全值（m）	一般桥梁		2.0	2.5	3.0	3.5	4.0
	特大桥（或大桥）属于技术复杂、修复困难或重要者	设计频率流量	3.0	3.5	4.0	4.5	5.0
		检算频率流量	1.5	1.8	2.0	2.3	2.5

注：冲刷总深度为自河床面算起的一般冲刷深度与局部冲刷深度之和。

建于抗冲性能强的岩石上的基础，可不考虑上述规定，对于抗冲性能较差的岩石，应根据冲刷的具体情况确定基底埋置深度。

4 处于天然河道上的特大、大排洪桥不宜采用明挖基础。

1.0.10 涵洞基础除设置在不冻胀地基土上者外，出入口和自两端洞口向内各 2m 范围内的涵身基底埋深：对于冻胀、强冻胀和特强冻胀土应在冻结线以下 0.25m；对于弱冻胀土，应不小于冻结深度。涵洞中间部分的基底埋深可根据地区经验确定。严寒地区，当涵洞中间部分的埋深与洞口埋深相差较大时，其连接处应设置过渡段。冻结较深的地区，也可将基底至冻结线下 0.25m 处的地基土换填为粗颗粒土（包括碎石类土、砾砂、粗砂、中砂，但其中粉黏粒含量应小于或等于 15%，或粒径小于 0.1mm 的颗粒应小于或等于 25%）。

3.2.1 桥涵基础的沉降应按恒载计算。对于静定结构，其墩台总沉降量与墩台施工完成时的沉降量之差不得大于下列容许值：

对于有砟桥面桥梁：墩台均匀沉降量　　　　　　80mm；

相邻墩台均匀沉降量之差　40mm。

对于明桥面桥梁：墩台均匀沉降量　　　　　　40mm；

相邻墩台均匀沉降量之差　20mm。

对于涵洞：涵身沉降量　100mm。

对于超静定结构，其相邻墩台均匀沉降量之差的容许值，应根据沉降对结构产生的附加应力的影响而定。

5.1.2　基底压应力不得大于地基的容许承载力。对于岩石上的基础，当基底合力偏心距超出截面核心半径时，仅按受压区计算基底最大压应力（不考虑基底承受拉应力）。

5.2.2　外力对基底截面重心的偏心距 e 不应大于表5.2.2规定的值。桥台尚应检算孤立地面时基底截面的合力偏心情况。

偏心距 e 限值的规定　　　　　　　　　　　　　　　　　表5.2.2

地基及荷载情况			e
建于非岩石地基上的墩台，仅承受恒载作用时	合力的作用点应接近基础底面的重心		
建于非岩石地基（包括土状的风化岩层）上的墩台，当承受主力加附加力时	桥墩与土的基本承载力 $\sigma_0 > 200$kPa 的桥台		1.0ρ
	土的基本承载力 $\sigma_0 \leq 200$kPa 的桥台		0.8ρ
建于岩石地基上的墩台，当承受主力加附加力时	硬　质　岩		1.5ρ
	其他岩石		1.2ρ
墩台承受长钢轨伸缩力或挠曲力加主力时	非岩石地基	土的基本承载力 $\sigma_0 > 200$kPa	0.8ρ
		土的基本承载力 $\sigma_0 \leq 200$kPa	0.6ρ
	岩石地基	硬　质　岩	1.25ρ
		其他岩石	1.0ρ
墩台承受主力加特殊荷载（地震力除外）时	非岩石地基	土的基本承载力 $\sigma_0 > 200$kPa	1.2ρ
		土的基本承载力 $\sigma_0 \leq 200$kPa	1.0ρ
	岩石地基	硬　质　岩	2.0ρ
		其他岩石	1.5ρ

注：e——外力对基底截面重心的偏心距，$e = \dfrac{M}{N}$，这里 N 和 M 分别为作用于基底的垂直力和所有外力对基底截面重心的力矩；

ρ——基底截面核心半径，$\rho = \dfrac{W}{A}$，这里 W 为相应于应力较小边缘的截面抵抗矩，A 为基底面积。

$\dfrac{e}{\rho}$（包括斜向弯曲）可按下式计算：

$$\frac{e}{\rho} = 1 - \frac{\sigma_{\min}}{\dfrac{N}{A}}$$

其中 $\sigma_{\min}$ 为基底最小应力。

8.1.10　涵洞不应采用分离式基础。

8.2.1　软土地基上桥涵基础的工后沉降量，应符合本规范第3.2.1条的规定。

8.2.3　当桥涵基础的计算沉降量超过容许值，或地基土的容许承载力不足时，应采取工程措施或地基加固措施。

五、《铁路工程抗震设计规范》GB 50111—2006（2009 年版）（5 条）

1.0.5 铁路工程应按多遇地震、设计地震、罕遇地震三个地震动水准进行抗震设计。

3.0.1A 铁路工程应根据铁路等级及其在路网中的重要性和修复（抢修）的难易程度，分为 A、B、C、D 类四个抗震设防类别。各类别铁路工程的划分应符合表 3.0.1A 的规定。

铁路工程抗震设防类别的划分 表 3.0.1A

结构类型 铁路工程 划分类别	桥 梁	路 基	隧 道
A 类	跨越大江、大河，且技术复杂、修复困难的特殊结构桥梁	—	水下隧道
B 类	1. 客货共线铁路混凝土简支梁跨度大于等于 48m；简支钢梁跨度大于等于 64m；混凝土连续梁主跨大于等于 80m；连续钢梁主跨大于等于 96m； 2. 高速铁路及客运专线（含城际铁路）跨度大于等于 40m 的桥梁； 3. 墩高大于等于 40m 的桥梁； 4. 常水位水深大于 8m 的桥梁； 5. 技术复杂、修复困难的特殊结构桥梁	—	—
C 类	1. 高速铁路及客运专线（含城际铁路）的普通桥梁； 2. 墩高大于 30m 小于 40m 的桥梁； 3. 常水位水深 5～8m 的桥梁	1. 修复困难的陡坡、深挖、高填路基； 2. 高速铁路及客运专线（含城际铁路）的路基	1. 高速铁路及客运专线（含城际铁路）的隧道和明洞； 2. 通过活动断裂带、浅埋、偏压、采空区及矿区、繁华城区、特大跨度（$b > 15m$）的隧道和明洞； 3. 近距离交叉的隧道衬砌，高速铁路及客运专线（含城际铁路）洞口、浅埋、偏压、明洞地段及繁华城区隧道衬砌
D 类	属 A、B、C 类以外的其他铁路桥梁	属 C 类以外的其他路基工程	属 A、C 类以外的其他铁路隧道工程

3.0.1 按本规范进行抗震设计的铁路工程，应达到的抗震性能要求如下：

性能要求 I：地震后不损坏或轻微损坏，能够保持其正常使用功能；结构处于弹性工作阶段；

性能要求Ⅱ：地震后可能损坏，经修补，短期内能恢复其正常使用功能；结构整体处于非弹性工作阶段；

性能要求Ⅲ：地震后可能产生较大破坏，但不出现整体倒塌，经抢修后可限速通车；结构处于弹塑性工作阶段。

7.1.2 设防烈度为 7、8、9 度的桥梁和位于 6 度区的 B 类桥梁，以及Ⅲ、Ⅳ类场地的 C 类桥梁均应按下列要求进行抗震验算：

按多遇地震进行桥墩、基础的强度、偏心及稳定性验算；按设计地震验算上、下部结构连接构造的强度；按罕遇地震对钢筋混凝土桥墩进行延性验算或最大位移分析。

不同结构桥梁的抗震设计内容应符合表 7.1.2 的规定。

表 7.1.2

桥梁抗震设计验算内容

结构形式		多遇地震	设计地震	罕遇地震
简支梁桥	混凝土桥墩	墩身及基础：强度、偏心及稳定性验算	验算连接构造	一般不验算，但应增设护面钢筋
	钢筋混凝土桥墩	墩身及基础：强度及稳定性验算	验算连接构造	可按简化法进行延性验算
其他梁式桥及 B 类桥梁		墩身及基础：强度、偏心及稳定性验算	验算连接构造	钢筋混凝土桥墩：按非线性时程反应分析法进行下部结构延性验算或最大位移分析

注：对于简支或连续梁桥的上部结构可不进行抗震强度和稳定性验算，但应采取抗震措施。

7.2.4 不同水准地震作用下，水平地震基本加速度 α 取值应按表 7.2.4-1 采用。地震动反应谱特征周期 T_g 应根据场地类别和地震动参数区划按表 7.2.4-2 取值。

表 7.2.4-1

水平地震基本加速度 α 值

设防烈度	6 度	7 度		8 度		9 度
设计地震 A_g	0.05g	0.1g	0.15g	0.2g	0.3g	0.4g
多遇地震	0.02g	0.04g	0.05g	0.07g	0.1g	0.14g
罕遇地震	0.11g	0.21g	0.32g	0.38g	0.57g	0.64g

表 7.2.4-2

地震动反应谱特征周期 T_g（s）

特征周期分区	场 地 类 别			
	Ⅰ	Ⅱ	Ⅲ	Ⅳ
一区	0.25	0.35	0.45	0.65
二区	0.30	0.40	0.55	0.75
三区	0.35	0.45	0.65	0.90

六、《铁路混凝土结构耐久性设计规范》
TB 10005—2010/J 1167—2011 （6条）

3.0.2 铁路混凝土结构的设计使用年限应符合表 3.0.2 的规定。

铁路混凝土结构设计使用年限　　　　　　　　　　　　　　表 3.0.2

设计使用年限级别	设计使用年限	适用范围示例
一	100 年	桥梁、涵洞、隧道等主体结构，路基支挡及承载结构，无砟轨道道床板、底座板
二	60 年	路基防护结构，200km/h 及以上铁路路基排水结构，接触网支柱等
三	30 年	其他铁路路基排水结构，电缆沟槽、防护砌块、栏杆等可更换小型构件

注：1. 无砟轨道轨道板、支承层设计使用年限至少为 60 年基础上，研究试验再创新实现与桥梁结构等寿命期。
　　2. 有特殊要求的铁路混凝土结构的设计使用年限可结合实际情况确定。
　　3. 铁路房屋建筑结构的设计使用年限按国家相关标准执行。

4.1.2 铁路混凝土结构处于多种环境共同作用情况下，应对结构所处的不同环境作用分别进行确定，所采取的耐久性技术措施应同时满足每种环境作用的要求。

5.2.10 不同环境下，混凝土的氯离子含量应满足表 5.2.10 的规定。

混凝土的氯离子含量最大限值（％）　　　　　　　　　　表 5.2.10

项　　目	钢筋混凝土	预应力混凝土
氯离子含量	0.10	0.06

注：1. 氯离子含量是指混凝土中各种原材料的氯离子含量之和，以其与胶凝材料的重量比表示。
　　2. 对于钢筋的配筋率低于最小配筋率的混凝土结构，其混凝土的氯离子含量要求应与本表中钢筋混凝土的要求相同。

5.2.11 不同环境下，混凝土的碱含量应满足表 5.2.11 的规定。

混凝土的碱含量最大限值（kg/m³）　　　　　　　　　　表 5.2.11

设计使用年限		100 年	60 年	30 年
环境条件	干燥环境	3.5	3.5	3.5
	潮湿环境	3.0	3.0	3.5
	含碱环境	2.1	3.0	3.0

注：1. 混凝土的碱含量是指混凝土中各种原材料的碱含量之和。其中，矿物掺和料的碱含量以其所含可溶性碱量计算。粉煤灰的可溶性碱量取粉煤灰总碱量的1/6，磨细矿渣粉的可溶性碱量取磨细矿渣粉总碱量的1/2，硅灰的可溶性碱量取硅灰总碱量的1/2。
　　2. 干燥环境是指不直接与水接触、年平均空气相对湿度长期不大于75％的环境；潮湿环境是指长期处于水下或潮湿土中、干湿交替区、水位变化区以及年平均相对湿度大于75％的环境；含碱环境是指与高含盐碱土体、海水、含碱工业废水或钠（钾）盐等直接接触的环境。干燥环境或潮湿环境与含碱环境交替作用时，均按含碱环境对待。
　　3. 对于含碱环境中的混凝土结构，当其设计使用年限为100年时，除了混凝土的碱含量满足本表要求外，还应使用非碱活性骨料；当其设计使用年限为60年、30年时，除了混凝土的碱含量应满足本表要求外，还应对混凝土表面作防水、防碱涂层处理，否则应换用非碱活性骨料。

5.2.12 不同环境下，混凝土的三氧化硫含量不应超过胶凝材料总量的 4.0%。

6.2.2 混凝土浇筑期间，混凝土与钢模、邻接的已硬化混凝土或岩土介质间的温度差不得大于15℃。

第三部分

建筑结构

一、《建筑结构可靠度设计统一标准》
GB 50068—2001（2条）

1.0.5 结构的设计使用年限应按表 1.0.5 采用。

设计使用年限分类　　　　　　　　　　　表 1.0.5

类　别	设计使用年限（年）	示　　例
1	5	临时性结构
2	25	易于替换的结构构件
3	50	普通房屋和构筑物
4	100	纪念性建筑和特别重要的建筑结构

1.0.8 建筑结构设计时，应根据结构破坏可能产生的后果（危及人的生命、造成经济损失、产生社会影响等）的严重性，采用不同的安全等级。建筑结构安全等级的划分应符合表 1.0.8 的要求。

表 1.0.8　建筑结构的安全等级

安全等级	破坏后果	建筑物类型
一　级	很严重	重要的房屋
二　级	严　重	一般的房屋
三　级	不严重	次要的房屋

注：1. 对特殊的建筑物，其安全等级应根据具体情况另行确定；

　　2. 地基基础设计安全等级及按抗震要求设计时建筑结构的安全等级，尚应符合国家现行有关规范的规定。

二、《建筑结构荷载规范》GB 50009—2001 (2006 年版)（4 条）

3.2.3 对于基本组合，荷载效应组合的设计值 S 应从下列组合值中取最不利值确定：

1）由可变荷载效应控制的组合：

$$S = \gamma_G S_{Gk} + \gamma_{Q1} S_{Q1k} + \sum_{i=2}^{n} \gamma_{Qi} \psi_{ci} S_{Qik} \qquad (3.2.3\text{-}1)$$

式中　γ_G——永久荷载的分项系数，应按第 3.2.5 条采用；

　　　γ_{Qi}——第 i 个可变荷载的分项系数，其中 γ_{Q1} 为可变荷载 Q_1 的分项系数，应按第 3.2.5 条采用；

　　　S_{Gk}——按永久荷载标准值 G_k 计算的荷载效应值；

　　　S_{Qik}——按可变荷载标准值 Q_{ik} 计算的荷载效应值，其中 S_{Q1k} 为诸可变荷载效应中起控制作用者；

　　　ψ_{ci}——可变荷载 Q_i 的组合值系数，应分别按各章的规定采用；

　　　n——参与组合的可变荷载数。

2）由永久荷载效应控制的组合：

$$S = \gamma_G S_{Gk} + \sum_{i=1}^{n} \gamma_{Qi} \psi_{ci} S_{Qik} \qquad (3.2.3\text{-}2)$$

注：1. 基本组合中的设计值仅适用于荷载与荷载效应为线性的情况。

　　2. 当对 S_{Q1K} 无法明显判断时，轮次以各可变荷载效应为 S_{Q1K}，选其中最不利的荷载效应组合。

　　3.（取消此注）。

3.2.5 基本组合的荷载分项系数，应按下列规定采用：

1 永久荷载的分项系数：

1）当其效应对结构不利时

——对由可变荷载效应控制的组合，应取 1.2；

——对由永久荷载效应控制的组合，应取 1.35。

2）当其效应对结构有利时的组合，应取 1.0。

2 可变荷载的分项系数：

—— 一般情况下取 1.4；

—— 对标准值大于 $4kN/m^2$ 的工业房屋楼面结构的活荷载取 1.3。

3 对结构的倾覆、滑移或漂浮验算，荷载的分项系数应按有关的结构设计规范的规定采用。

4.1.1 民用建筑楼面均布活荷载的标准值及其组合值、频遇值和准永久值系数，应按表 4.1.1 的规定采用。

民用建筑楼面均布活荷载标准值及其组合值、频遇值和准永久值系数　表 4.1.1

项次	类　别	标准值 (kN/m²)	组合值 系数 ψ_c	频遇值 系数 ψ_f	准永久值 系数 ψ_q
1	(1) 住宅、宿舍、旅馆、办公楼、医院病房、托儿所、幼儿园 (2) 教室、试验室、阅览室、会议室、医院门诊室	2.0	0.7	0.5 0.6	0.4 0.5
2	食堂、餐厅、一般资料档案室	2.5	0.7	0.6	0.5
3	(1) 礼堂、剧场、影院、有固定座位的看台 (2) 公共洗衣房	3.0 3.0	0.7 0.7	0.5 0.6	0.3 0.5
4	(1) 商店、展览厅、车站、港口、机场大厅及其旅客等候室 (2) 无固定座位的看台	3.5 3.5	0.7 0.7	0.6 0.7	0.5 0.3
5	(1) 健身房、演出舞台 (2) 舞厅	4.0 4.0	0.7 0.7	0.6 0.6	0.5 0.3
6	(1) 书库、档案库、贮藏室 (2) 密集柜书库	5.0 12.0	0.9	0.9	0.8
7	通风机房、电梯机房	7.0	0.9	0.9	0.8
8	汽车通道及停车库： (1) 单向板楼盖（板跨不小于 2m） 客车 消防车 (2) 双向板楼盖（板跨不小于 6m×6m）和无梁楼盖（柱网尺寸不小于 6m×6m） 客车 消防车	 4.0 35.0 2.5 20.0	 0.7 0.7 0.7 0.7	 0.7 0.7 0.7 0.7	 0.6 0.6 0.6 0.6
9	厨房： (1) 一般的 (2) 餐厅的	 2.0 4.0	 0.7 0.7	 0.6 0.7	 0.5 0.7
10	浴室、厕所、盥洗室： (1) 第 1 项中的民用建筑 (2) 其他民用建筑	 2.0 2.5	 0.7 0.7	 0.5 0.6	 0.4 0.5
11	走廊、门厅、楼梯： (1) 宿舍、旅馆、医院病房、托儿所、幼儿园、住宅 (2) 办公楼、教学楼、餐厅，医院门诊部 (3) 当人流可能密集时	 2.0 2.5 3.5	 0.7 0.7 0.7	 0.5 0.6 0.5	 0.4 0.5 0.3
12	阳台： (1) 一般情况 (2) 当人群有可能密集时	 2.5 3.5	0.7	0.6	0.5

注：1. 本表所给各项活荷载适用于一般使用条件，当使用荷载较大或情况特殊时，应按实际情况采用。
　　2. 第 6 项书库活荷载当书架高度大于 2m 时，书库活荷载尚应按每米书架高度不小于 2.5kN/m² 确定。
　　3. 第 8 项中的客车活荷载只适用于停放载人少于 9 人的客车；消防车活荷载是适用于满载总重为 300kN 的大型车辆；当不符合本表的要求时，应将车轮的局部荷载按结构效应的等效原则，换算为等效均布荷载。
　　4. 第 11 项楼梯活荷载，对预制楼梯踏步平板，尚应按 1.5kN 集中荷载验算。
　　5. 本表各项荷载不包括隔墙自重和二次装修荷载。对固定隔墙的自重应按恒荷载考虑，当隔墙位置可灵活自由布置时，非固定隔墙的自重可取每延米长墙重（kN/m）的 1/3 作为楼面活荷载的附加值（kN/m²）计入，附加值不小于 1.0kN/m²。

7.1.1　垂直于建筑物表面上的风荷载标准值，应按下述公式计算：

1　当计算主要承重结构时

$$w_k = \beta_z \mu_s \mu_z w_0 \tag{7.1.1-1}$$

式中　w_k ——风荷载标准值（kN/m²）；

　　　　β_z ——高度 z 处的风振系数；

　　　　μ_s ——风荷载体型系数；

　　　　μ_z ——风压高度变化系数；

　　　　w_0 ——基本风压（kN/m²）。

2　当计算围护结构时

$$w_k = \beta_{gz} \mu_{sl} \mu_z w_0 \tag{7.1.1-2}$$

式中　β_{gz} ——高度 z 处的阵风系数；

　　　　μ_{sl} ——局部风压体型系数。

三、《混凝土结构设计规范》GB 50010—2010（14条）

3.1.7 设计应明确结构的用途，在设计使用年限内未经技术鉴定或设计许可，不得改变结构的用途和使用环境。

3.3.2 对持久设计状况、暂短设计状况和地震设计状况，当用内力的形式表达时，结构构件应采用下列承载能力极限状态设计表达式：

$$\gamma_0 S \leqslant R \tag{3.3.2-1}$$

$$R = R(f_c, f_s, a_k, \cdots)/\gamma_{Rd} \tag{3.3.2-2}$$

式中：γ_0——结构重要性系数：在持久设计状况和短暂设计状况下，对安全等级为一级的结构构件不应小于 1.1，对安全等级为二级的结构构件不应小于 1.0，对安全等级为三级的结构构件不应小于 0.9；对地震设计状况下不应小于 1.0；

S——承载能力极限状态下作用组合的效应设计值：对持久设计状况和暂短设计状况按作用的基本组合计算；对地震设计状况按作用的地震组合计算；

R——结构构件的抗力设计值；

$R(\cdot)$——结构构件的抗力力函数；

γ_{Rd}——结构构件的抗力模型不定性系数：对静力设计取 1.0，重要结构构件或不确定性较大的结构构件根据具体情况取大于 1.0 的数值；对抗震设计，采用承载力抗震调整系数 γ_{RE} 代替 γ_{Rd}。

f_c、f_s——混凝土、钢筋的强度设计值，应根据本规范第 4.1.4 条及第 4.2.3 条的规定取值；

a_k——几何参数的标准值；当几何参数的变异性对结构性能有明显的不利影响时，可另增减一个附加值。

注：公式（3.3.2-1）中的 $\gamma_0 S$ 为内力设计值，在本规范各章中用 N、M、V、T 等表达。

4.1.3 混凝土轴心抗压强度的标准值 f_{ck} 应按表 4.1.3-1 采用；轴心抗拉强度的标准值 f_{tk} 应按表 4.1.3-2 采用。

混凝土轴心抗压强度标准值（N/mm²）　　　　　　　　　　　　　　表 4.1.3-1

强度	混凝土强度等级													
	C15	C20	C25	C30	C35	C40	C45	C50	C55	C60	C65	C70	C75	C80
f_{ck}	10.0	13.4	16.7	20.1	23.4	26.8	29.6	32.4	35.5	38.5	41.5	44.5	47.4	50.2

混凝土轴心抗拉强度标准值（N/mm²）　　　　　　　　　　　　　　表 4.1.3-2

强度	混凝土强度等级													
	C15	C20	C25	C30	C35	C40	C45	C50	C55	C60	C65	C70	C75	C80
f_{tk}	1.27	1.54	1.78	2.01	2.20	2.39	2.51	2.64	2.74	2.85	2.93	2.99	3.05	3.11

4.1.4 混凝土轴心抗压强度的设计值 f_c 应按表 4.1.4-1 采用。

轴心抗拉强度的设计值 f_t 应按表 4.1.4-2 采用。

混凝土轴心抗压强度设计值（N/mm²）　　　　表 4.1.4-1

强度	混凝土强度等级													
	C15	C20	C25	C30	C35	C40	C45	C50	C55	C60	C65	C70	C75	C80
f_c	7.2	9.6	11.9	14.3	16.7	19.1	21.1	23.1	25.3	27.5	29.7	31.8	33.8	35.9

混凝土轴心抗拉强度设计值（N/mm²）　　　　表 4.1.4-2

强度	混凝土强度等级													
	C15	C20	C25	C30	C35	C40	C45	C50	C55	C60	C65	C70	C75	C80
f_t	0.91	1.10	1.27	1.43	1.57	1.71	1.80	1.89	1.96	2.04	2.09	2.14	2.18	2.22

4.2.2 钢筋的强度标准值应具有不小于 95% 的保证率。

普通钢筋的屈服强度标准值 f_{yk}、极限强度标准值 f_{stk} 应按表 4.2.2-1 采用；预应力钢丝、钢绞线和预应力螺纹钢筋的屈服强度标准值 f_{pyk}、极限强度标准值 f_{ptk} 应按表 4.2.2-2 采用。

普通钢筋强度标准值（N/mm²）　　　　表 4.2.2-1

牌　号	符　号	公称直径 d(mm)	屈服强度标准值 f_{yk}(N/mm²)	极限强度标准值 f_{stk}(N/mm²)
HPB300	Φ	6～22	300	420
HRB335 HRBF335	Φ ΦF	6～50	335	455
HRB400 HRBF400 RRB400	Φ ΦF ΦR	6～50	400	540
HRB500 HRBF500	Φ ΦF	6～50	500	630

预应力筋强度标准值（N/mm²）　　　　表 4.2.2-2

种　类		符　号	公称直径 d(mm)	屈服强度标准值 f_{pyk}	极限强度标准值 f_{ptk}
中强度预应力钢丝	光面	Φ^{PM}	5、7、9	620	800
	螺旋肋	Φ^{HM}		780	970
				980	1270
预应力螺纹钢筋	螺纹	Φ^T	18、25、32、40、50	785	980
				930	1080
				1080	1230

续表

种　类		符　号	公称直径 d(mm)	屈服强度标准值 f_{pyk}	极限强度标准值 f_{ptk}
消除应力钢丝	光面	Φ^P	5	1380	1570
				1640	1860
	螺旋肋	Φ^H	7	1380	1570
			9	1290	1470
				1380	1570
钢绞线	1×3 (三股)	Φ^S	8.6、10.8、 12.9	1410	1570
				1670	1860
				1760	1960
	1×7 (七股)		9.5、12.7、 15.2、17.8	1540	1720
				1670	1860
				1760	1960
			21.6	1590	1770
				1670	1860

注：极限强度为 1960N/mm² 的钢绞线作后张预应力配筋时，应有可靠的工程经验；

4.2.3 普通钢筋的抗拉强度设计值 f_y、抗压强度设计值 f'_y 应按表 4.2.3-1 采用；预应力筋的抗拉强度设计值 f_{py}、抗压强度设计值 f'_{py} 应按表 4.2.3-2 采用。

当构件中配有不同种类的钢筋时，每种钢筋应采用各自的强度设计值。横向钢筋的抗拉强度设计值 f_{yv} 应按表中 f_y 的数值采用；当用作受剪、受扭、受冲切承载力计算时，其数值大于 360N/mm² 时应取 360N/mm²。

普通钢筋强度设计值（N/mm²）　　　　　表 4.2.3-1

牌　　号	抗拉强度设计值 f_y	抗压强度设计值 f'_y
HPB300	270	270
HRB335、HRBF335	300	300
HRB400、HRBF400、RRB400	360	360
HRB500、HRBF500	435	435

预应力筋强度设计值（N/mm²）　　　　　表 4.2.3-2

种　类	f_{ptk}	抗拉强度设计值 f_{py}	抗压强度设计值 f'_{py}
中强度预应力钢丝	800	510	410
	970	650	
	1270	810	
消除应力钢丝	1470	1040	410
	1570	1110	
	1860	1320	

续表

种　类	f_{ptk}	抗拉强度设计值 f_{py}	抗压强度设计值 f'_{py}
钢绞线	1570	1110	390
	1720	1220	
	1860	1320	
	1960	1390	
预应力螺纹钢筋	980	650	435
	1080	770	
	1230	900	

注：当预应力筋的强度标准值不符合表 4.2.3-2 的规定时，其强度设计值应进行相应的比例换算。

8.5.1　钢筋混凝土结构构件中纵向受力钢筋的配筋百分率 ρ_{min} 不应小于表 8.5.1 规定的数值。

纵向受力钢筋的最小配筋百分率 ρ_{min}（％）　　　　　表 8.5.1

受　力　类　型		最小配筋百分率
受压构件	全部纵向钢筋（强度等级 500MPa）	0.5
	全部纵向钢筋（强度等级 400MPa）	0.55
	全部纵向钢筋（强度等级 300MPa、335MPa）	0.60
	一侧纵向钢筋	0.20
受弯构件、偏心受拉、轴心受拉构件一侧的受拉钢筋		0.20 和 $45f_t/f_y$ 中的较大值

注：1. 受压构件全部纵向钢筋最小配筋百分率，当采用 C60 及以上强度等级的混凝土时，应按表中规定增加 0.10；

　　2. 板类受弯构件(不包括悬臂板)的受拉钢筋，当采用强度级别 400MPa、500 MPa 的钢筋时，其最小配筋百分率应允许采用 0.15 和 $45f_t/f_y$ 中的较大值；

　　3. 偏心受拉构件中的受压钢筋，应按受压构件一侧纵向钢筋考虑；

　　4. 受压构件的全部纵向钢筋和一侧纵向钢筋的配筋率以及轴心受拉构件和小偏心受拉构件一侧受拉钢筋的配筋率均应按构件的全截面面积计算；

　　5. 受弯构件、大偏心受拉构件一侧受拉钢筋的配筋率应按全截面面积扣除受压翼缘面积 $(b'_f-b)h'_f$ 后的截面面积计算；

　　6. 当钢筋沿构件截面周边布置时，"一侧纵向钢筋"系指沿受力方向两个对边中一边布置的纵向钢筋。

10.1.1　预应力混凝土结构构件，除应根据设计状况进行承载力计算及正常使用极限状态验算外，尚应对施工阶段进行验算。

11.1.3　房屋建筑混凝土结构构件的抗震设计，应根据设防类别、烈度、结构类型和房屋高度采用不同的抗震等级，并应符合相应的计算和构造措施要求。丙类建筑的抗震等级应按表 11.1.3 确定。

混凝土结构的抗震等级　　　　　表 11.1.3

结构类型		设　防　烈　度						
		6		7		8		9
	高度(m)	≤24	>24	≤24	>24	≤24	>24	≤24
框架结构	普通框架	四	三	三	二	二	一	一
	大跨度框架	三		二		一		一

续表

结构类型			设防烈度								
			6		7			8			9
框架-剪力墙结构	高度(m)		≤60	>60	<24	24~60	>60	<24	24~60	>60	≤24	24~50
	框架		四	三	四	三	二	三	二	一	二	一
	剪力墙		三		三	二		二	一		一	
剪力墙结构	高度(m)		≤80	>80	≤24	24~80	>80	<24	24~80	>80	≤24	24~60
	剪力墙		四	三	四	三	二	三	二	一	二	一
部分框支剪力墙结构	高度(m)		≤80	>80	≤24	24~80	>80	<24	24~80		—	
	剪力墙	一般部位	四	三	四	三	二	三	二			
		加强部位	三	二	三	二	一	二	一			
	框支层框架		二		二		一	一				
简体结构	框架-核心筒	框架	三		二			一			一	
		核心筒	二		二			一			一	
	筒中筒	内筒	三		二			一			一	
		外筒	三		二			一			一	
板柱-剪力墙结构	高度(m)		≤35	>35	≤35		>35	≤35		>35		
	板柱及周边框架		三	二	二		二	二		一		
	剪力墙		二	二	二		一	二		一		
单层厂房结构	铰接排架		四		三			二			一	

注：1. 建筑场地为Ⅰ类时，除 6 度设防烈度外应允许按表内降低一度所对应的抗震等级采取抗震构造措施，但相应的计算要求不应降低；

2. 接近或等于高度分界时，应允许结合房屋不规则程度及场地、地基条件确定抗震等级；

3. 大跨度框架指跨度不小于 18m 的框架；

4. 表中框架结构不包括异形柱框架；

5. 对房屋高度不大于 60m 的框架-核心筒结构，应允许按框架-剪力墙结构选用抗震等级。

11.2.3 按一、二、三级抗震等级设计的框架和斜撑构件，其纵向受力普通钢筋应符合下列要求：

1 钢筋的抗拉强度实测值与屈服强度实测值的比值不应小于 1.25；

2 钢筋的屈服强度实测值与屈服强度标准值的比值不应大于 1.30；

3 钢筋最大拉力下的总伸长率实测值不应小于 9%。

11.3.1 梁正截面受弯承载力计算中，计入纵向受压钢筋的梁端混凝土受压区高度应符合下列要求：

一级抗震等级

$$x \leqslant 0.25h_0 \tag{11.3.1-1}$$

二、三级抗震等级

$$x \leqslant 0.35h_0 \tag{11.3.1-2}$$

式中：x——混凝土受压区高度；

h_0——截面有效高度。

11.3.6 框架梁的钢筋配置应符合下列规定：

1 纵向受拉钢筋的配筋率不应小于表 11.3.6-1 规定的数值；

框架梁纵向受拉钢筋的最小配筋百分率（％） 表 11.3.6-1

抗震等级	梁中位置	
	支座	跨中
一级	0.40 和 80 f_t/f_y 中的较大值	0.30 和 65 f_t/f_y 中的较大值
二级	0.30 和 65 f_t/f_y 中的较大值	0.25 和 55 f_t/f_y 中的较大值
三、四级	0.25 和 55 f_t/f_y 中的较大值	0.20 和 45 f_t/f_y 中的较大值

2 框架梁梁端截面的底部和顶部纵向受力钢筋截面面积的比值，除按计算确定外，一级抗震等级不应小于 0.5；二、三级抗震等级不应小于 0.3；

3 梁端箍筋的加密区长度、箍筋最大间距和箍筋最小直径，应按表 11.3.6-2 采用；当梁端纵向受拉钢筋配筋率大于 2％时，表中箍筋最小直径应增大 2mm。

框架梁梁端箍筋加密区的构造要求 表 11.3.6-2

抗震等级	加密区长度（mm）	箍筋最大间距(mm)	最小直径（mm）
一级	2 和 500 中的较大值	纵向钢筋直径的 6 倍，梁高的 1/4 和 100 中的最小值	10
二级		纵向钢筋直径的 8 倍，梁高的 1/4 和 100 中的最小值	8
三级	1.5 和 500 中的较大值	纵向钢筋直径的 8 倍，梁高的 1/4 和 150 中的最小值	8
四级		纵向钢筋直径的 8 倍，梁高的 1/4 和 150 中的最小值	6

注：箍筋直径大于 12m、数量不少于 4 肢且肢距小于 150mm 时，一、二级的最大间距应允许适当放宽，但不得大于 150mm。

11.4.12 框架柱和框支柱的钢筋配置，应符合下列要求：

1 框架柱和框支柱中全部纵向受力钢筋的配筋百分率不应小于表 11.4.12-1 规定的数值，同时，每一侧的配筋百分率不应小于 0.2；对Ⅳ类场地上较高的高层建筑，最小配筋百分率应增加 0.1；

柱全部纵向受力钢筋最小配筋百分率（％） 表 11.4.12-1

柱类型	抗震等级			
	一级	二级	三级	四级
框架中柱、边柱	0.9	0.7	0.6	0.5
框架角柱、框支柱	1.1	0.9	0.8	0.7

注：1. 表中括号内数值用于框架结构的柱；

2. 采用 335MPa 级、400MPa 级纵向受力钢筋时，应分别按表中数值增加 0.1 和 0.05 采用；

3. 当混凝土强度等级为 C60 及以上时，应按表中数值加 0.1 采用。

2 框架柱和框支柱上、下两端箍筋应加密，加密区的箍筋最大间距和箍筋最小直径应符合表 11.4.12-2 的规定；

柱端箍筋加密区的构造要求

表 11.4.12-2

抗震等级	箍筋最大间距(mm)	箍筋最小直径(mm)
一级	纵向钢筋直径的 6 倍和 100 中的较小值	10
二级	纵向钢筋直径的 8 倍和 100 中的较小值	8
三级	纵向钢筋直径的 8 倍和 150（柱根 100）中的较小值	8
四级	纵向钢筋直径的 8 倍和 150（柱根 100）中的较小值	6(柱根 8)

注：柱根系指底层柱下端的箍筋加密区范围。

  3 框支柱和剪跨比不大于 2 的框架柱应在柱全高范围内加密箍筋，且箍筋间距应符合本条第 2 款一级抗震等级的要求；

  4 一级抗震等级框架柱的箍筋直径大于 12mm 且箍筋肢距小于 150mm 及二级抗震等级框架柱的直径不小于 10mm 且箍筋肢距不大于 200mm 时，除底层柱下端外，箍筋间距应允许采用 150mm；四级抗震等级框架柱剪跨比不大于 2 时，箍筋直径不应小于 8mm。

11.7.14 剪力墙的水平和竖向分布钢筋的配筋应符合下列规定：

  1 一、二、三级抗震等级的剪力墙的水平和竖向分布钢筋配筋率均不应小于 0.25%；四级抗震等级剪力墙不应小于 0.2%；

  2 部分框支剪力墙结构的剪力墙底部加强部位，水平和竖向分布钢筋配筋率不应小于 0.3%。

  注：对高度小于 24m 且剪压比很小的四级抗震等级剪力墙，其竖向分布筋最小配筋率应允许按 0.15%采用。

四、《钢结构设计规范》GB 50017—2003（13条）

3.1.2 承重结构应按下列承载能力极限状态和正常使用极限状态进行设计：

1 承载能力极限状态包括：构件和连接的强度破坏、疲劳破坏和因过度变形而不适于继续承载，结构和构件丧失稳定，结构转变为机动体系和结构倾覆。

2 正常使用极限状态包括：影响结构、构件和非结构构件正常使用或外观的变形，影响正常使用的振动，影响正常使用或耐久性能的局部损坏（包括混凝土裂缝）。

3.1.3 设计钢结构时，应根据结构破坏可能产生的后果，采用不同的安全等级。

一般工业与民用建筑钢结构的安全等级应取为二级，其他特殊建筑钢结构的安全等级应根据具体情况另行确定。

3.1.4 按承载能力极限状态设计钢结构时，应考虑荷载效应的基本组合，必要时尚应考虑荷载效应的偶然组合。

按正常使用极限状态设计钢结构时，应考虑荷载效应的标准组合，对钢与混凝土组合梁，尚应考虑准永久组合。

3.1.5 计算结构或构件的强度、稳定性以及连接的强度时，应采用荷载设计值（荷载标准值乘以荷载分项系数）；计算疲劳时，应采用荷载标准值。

3.2.1 设计钢结构时，荷载的标准值、荷载分项系数、荷载组合值系数、动力荷载的动力系数等，应按现行国家标准《建筑结构荷载规范》GB 50009 的规定采用。

结构的重要性系数 γ_0 应按现行国家标准《建筑结构可靠度设计统一标准》GB 50068 的规定采用，其中对设计使用年限为 25 年的结构构件，γ_0 不应小于 0.95。

> 注：对支承轻屋面的构件或结构（檩条、屋架、框架等），当仅有一个可变荷载且受荷水平投影面积超过 $60 m^2$ 时，屋面均布活荷载标准值应取为 $0.3 kN/m^2$。

3.3.3 承重结构采用的钢材应具有抗拉强度、伸长率、屈服强度和硫、磷含量的合格保证，对焊接结构尚应具有碳含量的合格保证。

焊接承重结构以及重要的非焊接承重结构采用的钢材还应具有冷弯试验的合格保证。

3.4.1 钢材的强度设计值，应根据钢材厚度或直径按表 3.4.1-1 采用。钢铸件的强度设计值应按表 3.4.1-2 采用。连接的强度设计值应按表 3.4.1-3～表 3.4.1-5 采用。

钢材的强度设计值（N/mm²）　　　　　　　　　　　表 3.4.1-1

钢 材		抗拉、抗压和抗弯 f	抗 剪 f_v	端面承压（刨平顶紧）f_{ce}
牌 号	厚度或直径 (mm)			
Q235 钢	≤16	215	125	325
	>16～40	205	120	
	>40～60	200	115	
	>60～100	190	110	

续表

钢 材		抗拉、抗压和抗弯 f	抗 剪 f_v	端面承压（刨平顶紧） f_{ce}
牌 号	厚度或直径 (mm)			
Q345 钢	≤16	310	180	400
	>16～35	295	170	
	>35～50	265	155	
	>50～100	250	145	
Q390 钢	≤16	350	205	415
	>16～35	335	190	
	>35～50	315	180	
	>50～100	295	170	
Q420 钢	≤16	380	220	440
	>16～35	360	210	
	>35～50	340	195	
	>50～100	325	185	

注：表中厚度系指计算点的钢材厚度，对轴心受拉和轴心受压构件系指截面中较厚板件的厚度。

钢铸件的强度设计值（N/mm²）　　　　表 3.4.1-2

钢 号	抗拉、抗压和抗弯 f	抗 剪 f_v	端面承压（刨平顶紧） f_{ce}
ZG200-400	155	90	260
ZG230-450	180	105	290
ZG270-500	210	120	325
ZG310-570	240	140	370

焊缝的强度设计值（N/mm²）　　　　表 3.4.1-3

焊接方法和焊条型号	构件钢材		对接焊缝				角焊缝
	牌号	厚度或直径 (mm)	抗压 f_c^w	焊缝质量为下列等级时，抗拉 f_t^w		抗剪 f_v^w	抗拉、抗压和抗剪 f_f^w
				一级、二级	三级		
自动焊、半自动焊和 E43 型焊条的手工焊	Q235 钢	≤16	215	215	185	125	160
		>16～40	205	205	175	120	
		>40～60	200	200	170	115	
		>60～100	190	190	160	110	
自动焊、半自动焊和 E50 型焊条的手工焊	Q345 钢	≤16	310	310	265	180	200
		>16～35	295	295	250	170	
		>35～50	265	265	225	155	
		>50～100	250	250	210	145	

续表

焊接方法和焊条型号	构件钢材		对接焊缝				角焊缝
	牌号	厚度或直径（mm）	抗压 f_c^w	焊缝质量为下列等级时，抗拉 f_t^w		抗剪 f_v^w	抗拉、抗压和抗剪 f_f^w
				一级、二级	三级		
自动焊、半自动焊和 E55 型焊条的手工焊	Q390 钢	≤16	350	350	300	205	220
		>16～35	335	335	285	190	
		>35～50	315	315	270	180	
		>50～100	295	295	250	170	
	Q420 钢	≤16	380	380	320	220	
		>16～35	360	360	305	210	
		>35～50	340	340	290	195	
		>50～100	325	325	275	185	

注：1. 自动焊和半自动焊所采用的焊丝和焊剂，应保证其熔敷金属的力学性能不低于现行国家标准《埋弧焊用碳钢焊丝和焊剂》GB/T 5293 和《低合金钢埋弧焊用焊剂》GB/T 12470 中相关的规定。

2. 焊缝质量等级应符合现行国家标准《钢结构工程施工质量验收规范》GB 50205 的规定。其中厚度小于 8mm 钢材的对接焊缝，不应采用超声波探伤确定焊缝质量等级。

3. 对接焊缝在受压区的抗弯强度设计值取 f_c^w，在受拉区的抗弯强度设计值取 f_t^w。

4. 表中厚度系指计算点的钢材厚度，对轴心受拉和轴心受压构件系指截面中较厚板件的厚度。

螺栓连接的强度设计值（N/mm²）　　　　　表 3.4.1-4

螺栓的性能等级、锚栓和构件钢材的牌号		普通螺栓						锚栓	承压型连接高强度螺栓		
		C 级螺栓			A 级、B 级螺栓						
		抗拉 f_t^b	抗剪 f_v^b	承压 f_c^b	抗拉 f_t^b	抗剪 f_v^b	承压 f_c^b	抗拉 f_t^a	抗拉 f_t^b	抗剪 f_v^b	承压 f_c^b
普通螺栓	4.6级、4.8级	170	140	—	—	—	—	—	—	—	—
	5.6级	—	—	—	210	190	—	—	—	—	—
	8.8级	—	—	—	400	320	—	—	—	—	—
锚栓	Q235 钢	—	—	—	—	—	—	140	—	—	—
	Q345 钢	—	—	—	—	—	—	180	—	—	—
承压型连接高强度螺栓	8.8级	—	—	—	—	—	—	—	400	250	—
	10.9级	—	—	—	—	—	—	—	500	310	—
构件	Q235 钢	—	—	305	—	—	405	—	—	—	470
	Q345 钢	—	—	385	—	—	510	—	—	—	590
	Q390 钢	—	—	400	—	—	530	—	—	—	615
	Q420 钢	—	—	425	—	—	560	—	—	—	655

注：1. A 级螺栓用于 $d \leqslant 24mm$ 和 $l \leqslant 10d$ 或 $l \leqslant 150mm$（按较小值）的螺栓；B 级螺栓用于 $d > 24mm$ 或 $l > 10d$ 或 $l > 150mm$（按较小值）的螺栓。d 为公称直径，l 为螺杆公称长度。

2. A、B 级螺栓孔的精度和孔壁表面粗糙度，C 级螺栓孔的允许偏差和孔壁表面粗糙度，均应符合现行国家标准《钢结构工程施工质量验收规范》GB 50205 的要求。

铆钉连接的强度设计值（N/mm²）　　　　　　　　表 3.4.1-5

铆钉钢号和构件钢材牌号		抗拉（钉头拉脱）f_t^r	抗剪 f_v^r		承压 f_c^r	
			I 类孔	II 类孔	I 类孔	II 类孔
铆钉	BL2 或 BL3	120	185	155	—	—
构件	Q235 钢	—	—	—	450	365
	Q345 钢	—	—	—	565	460
	Q390 钢	—	—	—	590	480

注：1. 属于下列情况者为 I 类孔：

    1）在装配好的构件上按设计孔径钻成的孔；

    2）在单个零件和构件上按设计孔径分别用钻模钻成的孔；

    3）在单个零件上先钻成或冲成较小的孔径，然后在装配好的构件上再扩钻至设计孔径的孔。

  2. 在单个零件上一次冲成或不用钻模钻成设计孔径的孔属于 II 类孔。

3.4.2　计算下列情况的结构构件或连接时，第 3.4.1 条规定的强度设计值应乘以相应的折减系数。

  1　单面连接的单角钢：

    1）按轴心受力计算强度和连接乘以系数　　　　　　　　　　　　　　0.85；

    2）按轴心受压计算稳定性：

    等边角钢乘以系数　　　　　　　　　　　$0.6+0.0015\lambda$，但不大于 1.0；

    短边相连的不等边角钢乘以系数　　　　　$0.5+0.0025\lambda$，但不大于 1.0；

    长边相连的不等边角钢乘以系数　　　　　　　　　　　　　　　　　0.70；

        λ 为长细比，对中间无联系的单角钢压杆，应按最小回转半径计算，当 $\lambda<20$ 时，取 $\lambda=20$；

  2　无垫板的单面施焊对接焊缝乘以系数　　　　　　　　　　　　　　　0.85；

  3　施工条件较差的高空安装焊缝和铆钉连接乘以系数　　　　　　　　　0.90；

  4　沉头和半沉头铆钉连接乘以系数　　　　　　　　　　　　　　　　　0.80。

注：当几种情况同时存在时，其折减系数应连乘。

8.1.4　结构应根据其形式、组成和荷载的不同情况，设置可靠的支撑系统。在建筑物每一个温度区段或分期建设的区段中，应分别设置独立的空间稳定的支撑系统。

8.3.6　对直接承受动力荷载的普通螺栓受拉连接应采用双螺帽或其他能防止螺帽松动的有效措施。

8.9.3　柱脚在地面以下的部分应采用强度等级较低的混凝土包裹（保护层厚度不应小于 50mm），并应使包裹的混凝土高出地面不小于 150mm。当柱脚底面在地面以上时，柱脚底面应高出地面不小于 100mm。

8.9.5　受高温作用的结构，应根据不同情况采取下列防护措施：

  1　当结构可能受到炽热熔化金属的侵害时，应采用砖或耐热材料做成的隔热层加以保护；

  2　当结构的表面长期受辐射热达 150℃以上或在短时间内可能受到火焰作用时，应采取有效的防护措施（如加隔热层或水套等）。

9.1.3　按塑性设计时，钢材的力学性能应满足强屈比 $f_u/f_y \geqslant 1.2$，伸长率 $\delta_5 \geqslant 15\%$，相应于抗拉强度 f_u 的应变 ε_u 不小于 20 倍屈服点应变 ε_y。

五、《木结构设计规范》GB 50005—2003（2005 年版）（21 条）

3.1.2 普通木结构构件设计时，应根据构件的主要用途按表 3.1.2 的要求选用相应的材质等级。

普通木结构构件的材质等级　　　　　　　　　　　　表 3.1.2

项 次	主 要 用 途	材质等级
1	受拉或拉弯构件	I_a
2	受弯或压弯构件	II_a
3	受压构件及次要受弯构件(如吊顶小龙骨等)	III_a

3.1.8 胶合木结构构件设计时，应根据构件的主要用途和部位，按表 3.1.8 的要求选用相应的材质等级。

胶合木结构构件的木材材质等级　　　　　　　　　　表 3.1.8

项次	主 要 用 途	材质等级	木材等级配置图
1	受拉或拉弯构件	I_b	
2	受压构件(不包括桁架上弦和拱)	III_b	
3	桁架上弦或拱，高度不大于 500mm 的胶合梁 (1)构件上、下边缘各 0.1h 区域，且不少于两层板 (2)其余部分	II_b III_b	
4	高度大于 500mm 的胶合梁 (1)梁的受拉边缘 0.1h 区域，且不少于两层板 (2)距受拉边缘 0.1h～0.2h 区域 (3)受压边缘 0.1h 区域，且不少于两层板 (4)其余部分	I_b II_b II_b III_b	

续表

项次	主　要　用　途	材质等级	木材等级配置图
5	侧立腹板工字梁 (1)受拉翼缘板 (2)受压翼缘板 (3)腹　　板	I b II b III b	

3.1.11　当采用目测分级规格材设计轻型木结构构件时，应根据构件的用途按表 3.1.11 要求选用相应的材质等级。

轻型木结构用规格材的材质等级 表 3.1.11

项次	主　要　用　途	材质等级
1	用于对强度、刚度和外观有较高要求的构件	I c
2		II c
3	用于对强度、刚度有较高要求而对外观只有一般要求的构件	III c
4	用于对强度、刚度有较高要求而对外观无要求的普通构件	IV c
5	用于墙骨柱	V c
6	除上述用途外的构件	VI c
7		VII c

3.1.13　制作构件时，木材含水率应符合下列要求：

　　1　现场制作的原木或方木结构不应大于 25%；

　　2　板材和规格材不应大于 20%；

　　3　受拉构件的连接板不应大于 18%；

　　4　作为连接件不应大于 15%；

　　5　层板胶合木结构不应大于 15%，且同一构件各层木板间的含水率差别不应大于 5%

3.3.1　承重结构用胶，应保证其胶合强度不低于木材顺纹抗剪和横纹抗拉的强度。胶连接的耐水性和耐久性，应与结构的用途和使用年限相适应，并应符合环境保护的要求。

4.2.1　普通木结构用木材的设计指标应按下列规定采用：

　　1　普通木结构用木材，其树种的强度等级应按表 4.2.1-1 和表 4.2.1-2 采用；

　　2　在正常情况下，木材的强度设计值及弹性模量，应按表 4.2.1-3 采用；在不同的使用条件下，木材的强度设计值和弹性模量尚应乘以表 4.2.1-4 规定的调整系数；对于不同的设计使用年限，木材的强度设计值和弹性模量尚应乘以表 4.2.1-5 规定的调整系数。

针叶树种木材适用的强度等级 表 4.2.1-1

强度等级	组别	适　用　树　种
TC17	A	柏木　长叶松　湿地松　粗皮落叶松
	B	东北落叶松　欧洲赤松　欧洲落叶松
TC15	A	铁杉　油杉　太平洋海岸黄柏　花旗松—落叶松　西部铁杉　南方松
	B	鱼鳞云杉　西南云杉　南亚松

强度等级	组别	适 用 树 种
TC13	A	油松 新疆落叶松 云南松 马尾松 扭叶松 北美落叶松 海岸松
	B	红皮云杉 丽江云杉 樟子松 红松 西加云杉 俄罗斯红松 欧洲云杉 北美山地云杉 北美短叶松
TC11	A	西北云杉 新疆云杉 北美黄松 云杉—松—冷杉 铁—冷杉 东部铁杉 杉木
	B	冷杉 速生杉木 速生马尾松 新西兰辐射松

阔叶树种木材适用的强度等级　　　　表 4.2.1-2

强度等级	适 用 树 种
TB20	青冈 桐木 门格里斯木 卡普木 沉水稍克隆 绿心木 紫心木 李叶豆 塔特布木
TB17	栎木 达荷玛木 萨佩莱木 苦油树 毛罗藤黄
TB15	锥栗（楮木） 桦木 黄梅兰蒂 梅萨瓦木 水曲柳 红劳罗木
TB13	深红梅兰蒂 浅红梅兰蒂 白梅兰蒂 巴西红厚壳木
TB11	大叶椴 小叶椴

木材的强度设计值和弹性模量（N/mm²）　　　　表 4.2.1-3

强度等级	组别	抗弯 f_m	顺纹抗压及承压 f_c	顺纹抗拉 f_t	顺纹抗剪 f_v	横纹承压 $f_{c,90}$			弹性模量 E
						全表面	局部表面和齿面	拉力螺栓垫板下	
TC17	A	17	16	10	1.7	2.3	3.5	4.6	10000
	B		15	9.5	1.6				
TC15	A	15	13	9.0	1.6	2.1	3.1	4.2	10000
	B		12	9.0	1.5				
TC13	A	13	12	8.5	1.5	1.9	2.9	3.8	10000
	B		10	8.0	1.4				9000
TC11	A	11	10	7.5	1.4	1.8	2.7	3.6	9000
	B		10	7.0	1.2				
TB20	—	20	18	12	2.8	4.2	6.3	8.4	12000
TB17	—	17	16	11	2.4	3.8	5.7	7.6	11000
TB15	—	15	14	10	2.0	3.1	4.7	6.2	10000
TB13	—	13	12	9.0	1.4	2.4	3.6	4.8	8000
TB11	—	11	10	8.0	1.3	2.1	3.2	4.1	7000

注：计算木构件端部（如接头处）的拉力螺栓垫板时，木材横纹承压强度设计值应按"局部表面和齿面"一栏的数值
　　采用。

不同使用条件下木材强度设计值和弹性模量的调整系数　　　　表 4.2.1-4

使 用 条 件	调整系数	
	强度设计值	弹性模量
露天环境	0.9	0.85
长期生产性高温环境，木材表面温度达 40～50℃	0.8	0.8
按恒荷载验算时	0.8	0.8

使 用 条 件	调 整 系 数	
	强度设计值	弹性模量
用于木构筑物时	0.9	1.0
施工和维修时的短暂情况	1.2	1.0

注：1. 当仅有恒荷载或恒荷载产生的内力超过全部荷载所产生的内力的80%时，应单独以恒荷载进行验算；
　　2. 当若干条件同时出现时，表列各系数应连乘。

不同设计使用年限时木材强度设计值和弹性模量的调整系数　　表 4.2.1-5

设计使用年限	调 整 系 数	
	强度设计值	弹性模量
5年	1.1	1.1
25年	1.05	1.05
50年	1.0	1.0
100年及以上	0.9	0.9

4.2.9 受压构件的长细比，不应超过表4.2.9规定的长细比限值。

受压构件长细比限值　　表 4.2.9

项次	构 件 类 别	长细比限值[λ]
1	结构的主要构件(包括桁架的弦杆、支座处的竖杆或斜杆以及承重柱等)	120
2	一般构件	150
3	支撑	200

7.1.5 杆系结构中的木构件，当有对称削弱时，其净截面面积不应小于构件毛截面面积的50%；当有不对称削弱时，其净截面面积不应小于构件毛截面面积的60%。

在受弯构件的受拉边，不得打孔或开设缺口。

7.2.4 抗震设防烈度为8度和9度地区屋面木基层抗震设计，应符合下列规定：

1 采用斜放檩条并设置密铺屋面板，檐口瓦应与挂瓦条扎牢；

2 檩条必须与屋架连牢，双脊檩应相互拉结，上弦节点处的檩条应与屋架上弦用螺栓连接；

3 支承在山墙上的檩条，其搁置长度不应小于120mm，节点处檩条应与山墙卧梁用螺栓锚固。

7.5.1 应采取有效措施保证结构在施工和使用期间的空间稳定，防止桁架侧倾，保证受压弦杆的侧向稳定，承担和传递纵向水平力。

7.5.10 地震区的木结构房屋的屋架与柱连接处应设置斜撑，当斜撑采用木夹板时，与木柱及屋架上、下弦应采用螺栓连接；木柱柱顶应设暗榫插入屋架下弦并用U形扁钢连接（图7.5.10）。

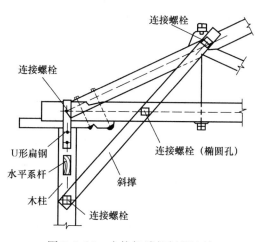

图 7.5.10　木构架端部斜撑连接

7.6.3 当桁架跨度不小于 9m 时，桁架支座应采用螺栓与墙、柱锚固。当采用木柱时，木柱柱脚与基础应采用螺栓锚固。

8.1.2 层板胶合木构件应采用经应力分级标定的木板制作。各层木板的木纹应与构件长度方向一致。

8.2.2 设计受弯、拉弯或压弯胶合木构件时，本规范表 4.2.1-3 的抗弯强度设计值应乘以表 8.2.2 的修正系数，工字形和 T 形截面的胶合木构件，其抗弯强度设计值除按表 8.2.2 乘以修正系数外，尚应乘以截面形状修正系数 0.9。

表 8.2.2

胶合木构件抗弯强度设计值修正系数

宽 度 (mm)	截面高度 h(mm)						
	$<$150	150～500	600	700	800	1000	≥1200
$b<$150	1.0	1.0	0.95	0.90	0.85	0.80	0.75
$b≥$150	1.0	1.15	1.05	1.0	0.90	0.85	0.80

10.2.1 木结构建筑构件的燃烧性能和耐火极限不应低于表 10.2.1 的规定。

表 10.2.1

木结构建筑中构件的燃烧性能和耐火极限

构 件 名 称	耐火极限(h)	构 件 名 称	耐火极限(h)
防火墙	不燃烧体 3.00	梁	难燃烧体 1.00
承重墙、分户墙、楼梯和电梯井墙体	难燃烧体 1.00	楼盖	难燃烧体 1.00
非承重外墙、疏散走道两侧的隔墙	难燃烧体 1.00	屋顶承重构件	难燃烧体 1.00
分室隔墙	难燃烧体 0.50	疏散楼梯	难燃烧体 0.50
多层承重柱	难燃烧体 1.00	室内吊顶	难燃烧体 0.25
单层承重柱	难燃烧体 1.00		

注：1. 屋顶表层应采用不可燃材料；

　　2. 当同一座木结构建筑由不同高度组成，较低部分的屋顶承重构件必须是难燃烧体，耐火极限不应小于 1.00h。

10.3.1 木结构建筑不应超过三层。不同层数建筑最大允许长度和防火分区面积不应超过表 10.3.1 的规定。

表 10.3.1

木结构建筑的层数、长度和面积

层 数	最大允许长度（m）	每层最大允许面积（m²）
单层	100	1200
两层	80	900
三层	60	600

注：安装有自动喷水灭火系统的木结构建筑，每层楼最大允许长度、面积应允许在表 10.3.1 的基础上扩大一倍，局部设置时，应按局部面积计算。

10.4.1 木结构建筑之间、木结构建筑与其他耐火等级的建筑之间的防火间距不应小于表 10.4.1 的规定。

木结构建筑的防火间距（m）　　　　　　　　　　　**表 10.4.1**

建筑种类	一、二级建筑	三级建筑	木结构建筑	四级建筑
木结构建筑	8.00	9.00	10.00	11.00

注：防火间距应按相邻建筑外墙的最近距离计算，当外墙有突出的可燃构件时，应从突出部分的外缘算起。

10.4.2　两座木结构建筑之间、木结构建筑与其他结构建筑之间的外墙均无任何门窗洞口时，其防火间距不应小于 4.00m。

10.4.3　两座木结构之间、木结构建筑与其他耐火等级的建筑之间，外墙的门窗洞口面积之和不超过该外墙面积的 10% 时，其防火间距不应小于表 10.4.3 的规定。

外墙开口率小于 10% 时的防火间距（m）　　　　　　**表 10.4.3**

建筑种类	一、二、三级建筑	木结构建筑	四级建筑
木结构建筑	5.00	6.00	7.00

11.0.1　木结构中的下列部位应采取防潮和通风措施：

　　1　在桁架和大梁的支座下应设置防潮层；

　　2　在木柱下应设置柱墩，严禁将木柱直接埋入土中；

　　3　桁架、大梁的支座节点或其他承重木构件不得封闭在墙、保温层或通风不良的环境中（图 11.0.1-1 和图 11.0.1-2）；

　　4　处于房屋隐蔽部分的木结构，应设通风孔洞；

　　5　露天结构在构造上应避免任何部分有积水的可能，并应在构件之间留有空隙（连接部位除外）；

　　6　当室内外温差很大时，房屋的围护结构（包括保温吊顶），应采取有效的保温和隔气措施。

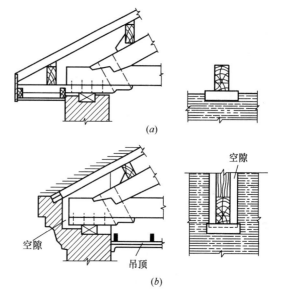

图 11.0.1-1　外排水屋盖支座节点通风构造示意图

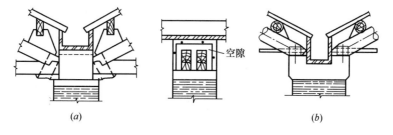

图 11.0.1-2　内排水屋盖支座节点通风构造示意图

11.0.3　下列情况，除从结构上采取通风防潮措施外，尚应进行药剂处理。

    1 露天结构；

    2 内排水桁架的支座节点处；

    3 檩条、搁栅、柱等木构件直接与砌体、混凝土接触部位；

    4 白蚁容易繁殖的潮湿环境中使用的木构件；

    5 承重结构中使用马尾松、云南松、湿地松、桦木以及新利用树种中易腐朽或易遭虫害的木材。

六、《砌体结构设计规范》GB 50003—2011（13条）

3.2.1 龄期为28d的以毛截面计算的砌体抗压强度设计值，当施工质量控制等级为B级时，应根据块体和砂浆的强度等级分别按下列规定采用：

1 烧结普通砖、烧结多孔砖砌体的抗压强度设计值，应按表3.2.1-1采用。

烧结普通砖和烧结多孔砖砌体的抗压强度设计值（MPa）　　表3.2.1-1

砖强度等级	砂浆强度等级					砂浆强度
	M15	M10	M7.5	M5	M2.5	0
MU30	3.94	3.27	2.93	2.59	2.26	1.15
MU25	3.60	2.98	2.68	2.37	2.06	1.05
MU20	3.22	2.67	2.39	2.12	1.84	0.94
MU15	2.79	2.31	2.07	1.83	1.60	0.82
MU10	—	1.89	1.69	1.50	1.30	0.67

注：当烧结多孔砖的孔洞率大于30%时，表中数值应乘以0.9。

2 混凝土普通砖和混凝土多孔砖砌体的抗压强度设计值，应按表3.2.1-2采用。

混凝土普通砖和混凝土多孔砖砌体的抗压强度设计值（MPa）　　表3.2.1-2

砖强度等级	砂浆强度等级					砂浆强度
	Mb20	Mb15	Mb10	Mb7.5	Mb5	0
MU30	4.61	3.94	3.27	2.93	2.59	1.15
MU25	4.21	3.60	2.98	2.68	2.37	1.05
MU20	3.77	3.22	2.67	2.39	2.12	0.94
MU15	—	2.79	2.31	2.07	1.83	0.82

3 蒸压灰砂普通砖和蒸压粉煤灰普通砖砌体的抗压强度设计值，应按表3.2.1-3采用。

蒸压灰砂普通砖和蒸压粉煤灰普通砖砌体的抗压强度设计值（MPa）　　表3.2.1-3

砖强度等级	砂浆强度等级				砂浆强度
	M15	M10	M7.5	M5	0
MU25	3.60	2.98	2.68	2.37	1.05
MU20	3.22	2.67	2.39	2.12	0.94
MU15	2.79	2.31	2.07	1.83	0.82

注：当采用专用砂浆砌筑时，其抗压强度设计值按表中数值采用。

4 单排孔混凝土砌块和轻集料混凝土砌块对孔砌筑砌体的抗压强度设计值，应按表3.2.1-4采用。

单排孔混凝土砌块和轻集料混凝土砌块对孔砌筑
砌体的抗压强度设计值（MPa）　　表 3.2.1-4

砌块强度等级	砂浆强度等级					砂浆强度
	Mb20	Mb15	Mb10	Mb7.5	Mb5	0
MU20	6.30	5.68	4.95	4.44	3.94	2.33
MU15	—	4.61	4.02	3.61	3.20	1.89
MU10	—	—	2.79	2.50	2.22	1.31
MU7.5	—	—	—	1.93	1.71	1.01
MU5	—	—	—	—	1.19	0.70

注：1　对独立柱或厚度为双排组砌的砌块砌体，应按表中数值乘以 0.7；
　　2　对 T 形截面墙体、柱，应按表中数值乘以 0.85。

5　单排孔混凝土砌块对孔砌筑时，灌孔砌体的抗压强度设计值 f_g，应按下列方法确定：

1） 混凝土砌块砌体的灌孔混凝土强度等级不应低于 Cb20，且不应低于 1.5 倍的块体强度等级。灌孔混凝土强度指标取同强度等级的混凝土强度指标。

2） 灌孔混凝土砌块砌体的抗压强度设计值 f_g，应按下列公式计算：

$$f_g = f + 0.6\alpha f_c \tag{3.2.1-1}$$

$$\alpha = \delta\rho \tag{3.2.1-2}$$

式中：f_g——灌孔混凝土砌块砌体的抗压强度设计值，该值不应大于未灌孔砌体抗压强度设计值的 2 倍；

　　　f——未灌孔混凝土砌块砌体的抗压强度设计值，应按表 3.2.1-4 采用；

　　　f_c——灌孔混凝土的轴心抗压强度设计值；

　　　α——混凝土砌块砌体中灌孔混凝土面积与砌体毛面积的比值；

　　　δ——混凝土砌块的孔洞率；

　　　ρ——混凝土砌块砌体的灌孔率，系截面灌孔混凝土面积与截面孔洞面积的比值，灌孔率应根据受力或施工条件确定，且不应小于 33%。

6　双排孔或多排孔轻集料混凝土砌块砌体的抗压强度设计值，应按表 3.2.1-5 采用。

双排孔或多排孔轻集料混凝土砌块砌体的抗压强度设计值（MPa）　表 3.2.1-5

砌块强度等级	砂浆强度等级			砂浆强度
	Mb10	Mb7.5	Mb5	0
MU10	3.08	2.76	2.45	1.44
MU7.5	—	2.13	1.88	1.12
MU5	—	—	1.31	0.78
MU3.5	—	—	0.95	0.56

注：1　表中的砌块为火山渣、浮石和陶粒轻集料混凝土砌块；
　　2　对厚度方向为双排组砌的轻集料混凝土砌块砌体的抗压强度设计值，应按表中数值乘以 0.8。

7　块体高度为 180mm～350mm 的毛料石砌体的抗压强度设计值，应按表 3.2.1-6 采用。

毛料石砌体的抗压强度设计值（MPa）　　　　　表 3.2.1-6

毛料石强度等级	砂浆强度等级			砂浆强度
	M7.5	M5	M2.5	0
MU100	5.42	4.80	4.18	2.13
MU80	4.85	4.29	3.73	1.91
MU60	4.20	3.71	3.23	1.65
MU50	3.83	3.39	2.95	1.51
MU40	3.43	3.04	2.64	1.35
MU30	2.97	2.63	2.29	1.17
MU20	2.42	2.15	1.87	0.95

注：对细料石砌体、粗料石砌体和干砌勾缝石砌体，表中数值应分别乘以调整系数 1.4、1.2 和 0.8。

8 毛石砌体的抗压强度设计值，应按表 3.2.1-7 采用。

毛石砌体的抗压强度设计值（MPa）　　　　　表 3.2.1-7

毛石强度等级	砂浆强度等级			砂浆强度
	M7.5	M5	M2.5	0
MU100	1.27	1.12	0.98	0.34
MU80	1.13	1.00	0.87	0.30
MU60	0.98	0.87	0.76	0.26
MU50	0.90	0.80	0.69	0.23
MU40	0.80	0.71	0.62	0.21
MU30	0.69	0.61	0.53	0.18
MU20	0.56	0.51	0.44	0.15

3.2.2　龄期为 28d 的以毛截面计算的各类砌体的轴心抗拉强度设计值、弯曲抗拉强度设计值和抗剪强度设计值，应符合下列规定：

1　当施工质量控制等级为 B 级时，强度设计值应按表 3.2.2 采用：

沿砌体灰缝截面破坏时砌体的轴心抗拉强度设计值、
弯曲抗拉强度设计值和抗剪强度设计值（MPa）　　　　　表 3.2.2

强度类别	破坏特征及砌体种类		砂浆强度等级			
			≥M10	M7.5	M5	M2.5
轴心抗拉	沿齿缝	烧结普通砖、烧结多孔砖	0.19	0.16	0.13	0.09
		混凝土普通砖、混凝土多孔砖	0.19	0.16	0.13	—
		蒸压灰砂普通砖、蒸压粉煤灰普通砖	0.12	0.10	0.08	—
		混凝土和轻集料混凝土砌块	0.09	0.08	0.07	—
		毛石	—	0.07	0.06	0.04

续表

强度类别	破坏特征及砌体种类	砂浆强度等级			
		≥M10	M7.5	M5	M2.5
弯曲抗拉	沿齿缝 烧结普通砖、烧结多孔砖 混凝土普通砖、混凝土多孔砖 蒸压灰砂普通砖、蒸压粉煤灰普通砖 混凝土和轻集料混凝土砌块 毛石	 0.33 0.33 0.24 0.11 —	 0.29 0.29 0.20 0.09 0.11	 0.23 0.23 0.16 0.08 0.09	 0.17 — — — 0.07
	沿通缝 烧结普通砖、烧结多孔砖 混凝土普通砖、混凝土多孔砖 蒸压灰砂普通砖、蒸压粉煤灰普通砖 混凝土和轻集料混凝土砌块	 0.17 0.17 0.12 0.08	 0.14 0.14 0.10 0.06	 0.11 0.11 0.08 0.05	 0.08 — — —
抗剪	烧结普通砖、烧结多孔砖 混凝土普通砖、混凝土多孔砖 蒸压灰砂普通砖、蒸压粉煤灰普通砖 混凝土和轻集料混凝土砌块 毛石	0.17 0.17 0.12 0.09 —	0.14 0.14 0.10 0.08 0.19	0.11 0.11 0.08 0.06 0.16	0.08 — — — 0.11

注: 1 对于用形状规则的块体砌筑的砌体, 当搭接长度与块体高度的比值小于 1 时, 其轴心抗拉强度设计值 f_t 和弯曲抗拉强度设计值 f_{tm} 应按表中数值乘以搭接长度与块体高度比值后采用;

2 表中数值是依据普通砂浆砌筑的砌体确定, 采用经研究性试验且通过技术鉴定的专用砂浆砌筑的蒸压灰砂普通砖、蒸压粉煤灰普通砖砌体, 其抗剪强度设计值按相应普通砂浆强度等级砌筑的烧结普通砖砌体采用;

3 对混凝土普通砖、混凝土多孔砖、混凝土和轻集料混凝土砌块砌体, 表中的砂浆强度等级分别为: ≥Mb10、Mb7.5 及 Mb5。

    2 单排孔混凝土砌块对孔砌筑时, 灌孔砌体的抗剪强度设计值 f_{vg}, 应按下式计算:

$$f_{vg} = 0.2 f_g^{0.55} \qquad (3.2.2)$$

式中: f_g——灌孔砌体的抗压强度设计值 (MPa)。

3.2.3 下列情况的各类砌体, 其砌体强度设计值应乘以调整系数 γ_a:

    1 对无筋砌体构件, 其截面面积小于 0.3m² 时, γ_a 为其截面面积加 0.7; 对配筋砌体构件, 当其中砌体截面面积小于 0.2m² 时, γ_a 为其截面面积加 0.8; 构件截面面积以 "m²" 计;

    2 当砌体用强度等级小于 M5.0 的水泥砂浆砌筑时, 对第 3.2.1 条各表中的数值, γ_a 为 0.9; 对第 3.2.2 条表 3.2.2 中数值, γ_a 为 0.8;

    3 当验算施工中房屋的构件时, γ_a 为 1.1。

6.2.1 预制钢筋混凝土板在混凝土圈梁上的支承长度不应小于 80mm, 板端伸出的钢筋应与圈梁可靠连接, 且同时浇筑; 预制钢筋混凝土板在墙上的支承长度不应小于 100mm, 并应按下列方法进行连接:

    1 板支承于内墙时, 板端钢筋伸出长度不应小于 70mm, 且与支座处沿墙配置的纵筋绑扎, 用强度等级不应低于 C25 的混凝土浇筑成板带;

2 板支承于外墙时，板端钢筋伸出长度不应小于100mm，且与支座处沿墙配置的纵筋绑扎，并用强度等级不应低于 C25 的混凝土浇筑成板带；

3 预制钢筋混凝土板与现浇板对接时，预制板端钢筋应伸入现浇板中进行连接后，再浇筑现浇板。

6.2.2 墙体转角处和纵横墙交接处应沿竖向每隔 400mm～500mm 设拉结钢筋，其数量为每 120mm 墙厚不少于 1 根直径 6mm 的钢筋；或采用焊接钢筋网片，埋入长度从墙的转角或交接处算起，对实心砖墙每边不小于 500mm，对多孔砖墙和砌块墙不小于 700mm。

6.4.2 外叶墙的砖及混凝土砌块的强度等级，不应低于MU10。

7.1.2 厂房、仓库、食堂等空旷单层房屋应按下列规定设置圈梁：

1 砖砌体结构房屋，檐口标高为 5m～8m 时，应在檐口标高处设置圈梁一道；檐口标高大于 8m 时，应增加设置数量；

2 砌块及料石砌体结构房屋，檐口标高为 4m～5m 时，应在檐口标高处设置圈梁一道；檐口标高大于 5m 时，应增加设置数量；

3 对有吊车或较大振动设备的单层工业房屋，当未采取有效的隔振措施时，除在檐口或窗顶标高处设置现浇混凝土圈梁外，尚应增加设置数量。

7.1.3 住宅、办公楼等多层砌体结构民用房屋，且层数为 3 层～4 层时，应在底层和檐口标高处各设置一道圈梁。当层数超过 4 层时，除应在底层和檐口标高处各设置一道圈梁外，至少应在所有纵、横墙上隔层设置。多层砌体工业房屋，应每层设置现浇混凝土圈梁。设置墙梁的多层砌体结构房屋，应在托梁、墙梁顶面和檐口标高处设置现浇钢筋混凝土圈梁。

7.3.2 采用烧结普通砖砌体、混凝土普通砖砌体、混凝土多孔砖砌体和混凝土砌块砌体的墙梁设计应符合下列规定：

1 墙梁设计应符合表 7.3.2 的规定：

墙梁的一般规定　　　　　　　　　　表 7.3.2

墙梁类别	墙体总高度 (m)	跨度 (m)	墙体高跨比 h_w/l_{0i}	托梁高跨比 h_b/l_{0i}	洞宽比 b_h/l_{0i}	洞高 h_h
承重墙梁	$\leqslant18$	$\leqslant9$	$\geqslant0.4$	$\geqslant1/10$	$\leqslant0.3$	$\leqslant5h_w/6$ 且 $h_w-h_h\geqslant0.4m$
自承重墙梁	$\leqslant18$	$\leqslant12$	$\geqslant1/3$	$\geqslant1/15$	$\leqslant0.8$	—

注：墙体总高度指托梁顶面到檐口的高度，带阁楼的坡屋面应算到山尖墙 1/2 高度处。

2 墙梁计算高度范围内每跨允许设置一个洞口，洞口高度，对窗洞取洞顶至托梁顶面距离。对自承重墙梁，洞口至边支座中心的距离不应小于 $0.1l_{0i}$，门窗洞上口至墙顶的距离不应小于 0.5m。

9.4.8 配筋砌块砌体剪力墙的构造配筋应符合下列规定：

1 应在墙的转角、端部和孔洞的两侧配置竖向连续的钢筋，钢筋直径不应小于12mm；

2 应在洞口的底部和顶部设置不小于 2φ10 的水平钢筋，其伸入墙内的长度不应小于

40d 和 600mm；

 3 应在楼（屋）盖的所有纵横墙处设置现浇钢筋混凝土圈梁，圈梁的宽度和高度应等于墙厚和块高，圈梁主筋不应少于 4ϕ10，圈梁的混凝土强度等级不应低于同层混凝土块体强度等级的 2 倍，或该层灌孔混凝土的强度等级，也不应低于 C20；

 4 剪力墙其他部位的竖向和水平钢筋的间距不应大于墙长、墙高的 1/3，也不应大于 900mm；

 5 剪力墙沿竖向和水平方向的构造钢筋配筋率均不应小于 0.07%。

10.1.2 本章适用的多层砌体结构房屋的总层数和总高度，应符合下列规定：

 1 房屋的层数和总高度不应超过表 10.1.2 的规定。

多层砌体房屋的层数和总高度限值（m）   表 10.1.2

房屋类别		最小墙厚度 (mm)	设防烈度和设计基本地震加速度										
			6		7				8				9	
			0.05g		0.10g		0.15g		0.20g		0.30g		0.40g	
			高度	层数	高度	层数	高度	层数	高度	层数	高度	层数	高度	层数
多层砌体房屋	普通砖	240	21	7	21	7	21	7	18	6	15	5	12	4
	多孔砖	240	21	7	21	7	18	6	18	6	15	5	9	3
	多孔砖	190	21	7	18	6	15	5	15	5	12	4	—	—
	混凝土砌块	190	21	7	21	7	18	6	18	6	15	5	9	3
底部框架-抗震墙砌体房屋	普通砖多孔砖	240	22	7	22	7	19	6	16	5	—	—	—	—
	多孔砖	190	22	7	19	6	16	5	13	4	—	—	—	—
	混凝土砌块	190	22	7	22	7	19	6	16	5	—	—	—	—

注：1 房屋的总高度指室外地面到主要屋面板板顶或檐口的高度，半地下室从地下室室内地面算起，全地下室和嵌固条件好的半地下室应允许从室外地面算起；对带阁楼的坡屋面应算到山尖墙的 1/2 高度处；

  2 室内外高差大于 0.6m 时，房屋总高度应允许比表中的数据适当增加，但增加量应少于 1.0m；

  3 乙类的多层砌体房屋仍按本地区设防烈度查表，其层数应减少一层且总高度应降低 3m；不应采用底部框架-抗震墙砌体房屋。

 2 各层横墙较少的多层砌体房屋，总高度应比表 10.1.2 中的规定降低 3m，层数相应减少一层；各层横墙很少的多层砌体房屋，还应再减少一层；

  注：横墙较少是指同一楼层内开间大于 4.2m 的房间占该层总面积的 40% 以上；其中，开间不大于 4.2m 的房间占该层总面积不到 20% 且开间大于 4.8m 的房间占该层总面积的 50% 以上为横墙很少。

 3 抗震设防烈度为 6、7 度时，横墙较少的丙类多层砌体房屋，当按现行国家标准《建筑抗震设计规范》GB 50011 规定采取加强措施并满足抗震承载力要求时，其高度和层数应允许仍按表 10.1.2 中的规定采用；

 4 采用蒸压灰砂普通砖和蒸压粉煤灰普通砖的砌体房屋，当砌体的抗剪强度仅达到普通黏土砖砌体的 70% 时，房屋的层数应比普通砖房屋减少一层，总高度应减少 3m；当砌体的抗剪强度达到普通黏土砖砌体的取值时，房屋层数和总高度的要求同普通砖房屋。

10.1.5 考虑地震作用组合的砌体结构构件，其截面承载力应除以承载力抗震调整系数 γ_{RE}，承载力抗震调整系数应按表 10.1.5 采用。当仅计算竖向地震作用时，各类结构构件承载力抗震调整系数均应采用 1.0。

承载力抗震调整系数 表 10.1.5

结构构件类别	受力状态	γ_{RE}
两端均设有构造柱、芯柱的砌体抗震墙	受剪	0.9
组合砖墙	偏压、大偏拉和受剪	0.9
配筋砌块砌体抗震墙	偏压、大偏拉和受剪	0.85
自承重墙	受剪	1.0
其他砌体	受剪和受压	1.0

10.1.6 配筋砌块砌体抗震墙结构房屋抗震设计时，结构抗震等级应根据设防烈度和房屋高度按表 10.1.6 采用。

配筋砌块砌体抗震墙结构房屋的抗震等级 表 10.1.6

结　构　类　型		设　防　烈　度						
		6		7		8		9
		≤24	>24	≤24	>24	≤24	>24	≤24
配筋砌块砌体抗震墙	高度（m）	≤24	>24	≤24	>24	≤24	>24	≤24
	抗震墙	四	三	三	二	二	一	一
部分框支抗震墙	非底部加强部位抗震墙	四	三	三	二	二	不应采用	
	底部加强部位抗震墙	三	二	二	一	一		
	框支框架	二	二	一	一			

注：1　对于四级抗震等级，除本章有规定外，均按非抗震设计采用；

　　2　接近或等于高度分界时，可结合房屋不规则程度及场地、地基条件确定抗震等级。

七、《多孔砖砌体结构技术规范》
JGJ 137—2001（2002 年版）（14 条）

3.0.2 龄期为 28d，以毛截面积计算的多孔砖砌体抗压强度设计值，当施工质量控制等级为 B 级时，应根据多孔砖和砂浆的强度等级按表 3.0.2 采用。当多孔砖的孔洞率大于 30% 时，应按表中数值乘以 0.9 后采用。

多孔砖砌体抗压强度设计值（MPa）　　　　　　　　　　　　　　　　表 3.0.2

砖强度等级	砂浆强度等级					砂浆强度
	M15	M10	M7.5	M5	M2.5	0
MU30	3.94	3.27	2.93	2.59	2.26	1.15
MU25	3.60	2.98	2.68	2.37	2.06	1.05
MU20	3.22	2.67	2.39	2.12	1.84	0.94
MU15	2.79	2.31	2.07	1.83	1.60	0.82
MU10	—	1.89	1.69	1.50	1.30	0.67

注：表中砂浆强度为零时的砌体抗压强度设计值，仅适用于施工阶段新砌多孔砖砌体的强度验算。

3.0.3 龄期为 28d，以毛截面积计算的多孔砖砌体弯曲抗拉强度设计值和抗剪强度设计值，当施工质量控制等级为 B 级时，应按表 3.0.3 采用。

多孔砖砌体弯曲抗拉强度设计值、抗剪强度设计值（MPa）　　　　　　表 3.0.3

强度类别	破坏特征	砂浆强度等级			
		≥M10	M7.5	M5	M2.5
弯曲抗拉	沿齿缝截面	0.33	0.29	0.23	0.17
	沿通缝截面	0.17	0.14	0.11	0.08
抗　剪	沿齿缝或阶梯形截面	0.17	0.14	0.11	0.08

注：用多孔砖砌筑的砌体，当搭接长度与多孔砖的高度比值小于 1 时，其弯曲抗拉强度设计值 f_{tm} 应按表中数值乘以搭接长度与多孔砖高度比值后采用。

3.0.4 多孔砖砌体的强度设计值，应按下列规定分别乘以调整系数 γ_a：

1　跨度不小于 7.2m 时梁下砌体，γ_a 为 0.9；

2　砌体毛截面面积小于 0.3m² 时，γ_a 为其毛截面面积值加 0.7。构件截面面积以 m² 计；

3　当砌体用水泥砂浆砌筑时，对表 3.0.2 中数值，γ_a 为 0.9；对表 3.0.3 中的数据，γ_a 为 0.8；

4　当施工质量控制等级为 C 级时，γ_a 为 0.89；

5　当验算施工中房屋的构件时，γ_a 为 1.1。

4.4.1 跨度大于 6m 的屋架和跨度大于 4.8m 的梁，其支承面处应设置混凝土或钢筋混凝土垫块；当墙中设有圈梁时，垫块与圈梁应浇成整体。

4.5.1 多孔砖砌筑的住宅、宿舍、办公楼等民用房屋，当层数在四层及以下时，墙厚为 190mm 时，应在底层和檐口标高处各设置圈梁一道，墙厚不小于 240mm 时，应在檐口标高处设置圈梁一道。当层数超过四层时，除顶层必须设置圈梁外，至少应隔层设置。

5.1.4 多孔砖房屋总高度及层数不应超过表 5.1.4 的规定。医院、学校等横墙较少的多孔砖房屋，总高度应比表 5.1.4 的规定降低 3m，层数相应减少一层；各层横墙很少的房屋，应根据具体情况，再适当降低总高度和减少层数。

房屋总高度（m）及层数限值   表 5.1.4

最小墙厚（mm）	6 度		7 度		8 度		9 度	
	高度	层数	高度	层数	高度	层数	高度	层数
240	21	7	21	7	18	6	12	4
190	21	7	18	6	15	5	—	—

注：房屋的总高度指室外地面到主要屋面板板顶或檐口的高度，半地下室从地下室室内地面算起；全地下室和嵌固条件好的半地下室应允许从室外地面算起；对带阁楼的坡屋面应算到山尖墙的 1/2 高度处。

5.1.5 多层房屋抗震横墙的最大间距，不应超过表 5.1.5 的规定。

抗震横墙的最大间距（m）   表 5.1.5

楼（屋）盖类别	6 度	7 度	8 度	9 度
现浇及装配整体式钢筋混凝土	18	18	15	11
装配式钢筋混凝土	15	15	11	7
木	11	11	7	4

注：1. 厚度为 190mm 的抗震横墙，最大间距应为表中数值减 3m；

    2. 9 度区表中数值，不适用于厚度为 190mm 的抗震横墙；

    3. 多层砌体房屋的顶层，当采取了抗震加强措施时，最大横墙间距可适当放宽。

5.2.10 砌体沿阶梯形截面破坏的抗震抗剪强度设计值，应按下式确定：

$$f_{VE} = \zeta_N f_v \tag{5.2.10}$$

式中 f_{VE}——砌体沿阶梯形截面破坏的抗震抗剪强度的设计值（MPa）；

      f_v——非抗震设计的砌体抗剪强度设计值（MPa），应按第 3.0.3 条采用；

      ζ_N——砌体抗震抗剪强度的正应力影响系数，应按表 5.2.10 采用。

砌体强度的正应力影响系数   表 5.2.10

σ_0/f_v	0.0	1.0	3.0	5.0	7.0	10.0	15.0
ζ_N	0.80	1.00	1.28	1.50	1.70	1.95	2.32

注：σ_0 为对应于重力荷载代表值的砌体截面平均压应力。

5.3.1 多孔砖房屋设置现浇钢筋混凝土构造柱应符合表 5.3.1 的规定。

墙厚不小于 240mm 时多孔砖房屋构造柱设置　　　　　　　表 5.3.1-1

房屋层数				设 置 部 位	
6 度	7 度	8 度	9 度		
4、5	3、4	2、3		外墙四角，错层部位横墙与外纵墙交接处，大房间内外墙交接处，较大洞口两侧	7、8 度时，楼、电梯间的四角；隔 15m 或单元横墙与外墙交接处
6、7	5	4	2		隔开间横墙（轴线）与外墙交接处，山墙与内纵墙交接处，7～9 度时，楼、电梯间的四角
	6、7	5、6 (4、5)	3、4		内墙（轴线）与外墙交接处，内墙局部较小墙垛处，7～9 度时，楼、电梯间的四角，9 度时内纵墙与横墙（轴线）交接处

注：较大洞口是指宽度大于 2.1m 的洞口。

墙厚 190mm 时多孔砖房屋构造柱设置　　　　　　　表 5.3.1-2

房 屋 层 数			设 置 部 位	
6 度	7 度	8 度		
4	3、4	2、3	外墙四角，错层部位横墙与外纵墙交接处，大房间内外墙交接处，较大洞口两侧	7、8 度时，楼、电梯间的四角；隔 15m 或单元横墙与外纵墙交接处
5、6	5	4		隔开间横墙（轴线）与外墙交接处，山墙与内纵墙交接处，7、8 度时，楼、电梯间的四角
7	6	5		内墙（轴线）与外墙交接处，内墙局部较小墙垛处；7、8 度时，楼、电梯间的四角

注：较大洞口是指宽度大于 2.1m 的洞口。

5.3.4 后砌的非承重砌体隔墙，应沿墙高每隔 500mm 配置 2 根 ϕ6 钢筋与承重墙或柱拉结，每边伸入墙内不应小于 500mm。设防烈度为 8 度和 9 度区，长度大于 5m 的后砌隔墙，墙顶尚应与楼板或梁拉结。

5.3.5 多孔砖房屋的现浇混凝土圈梁设置应符合下列规定：

1 装配式钢筋混凝土楼、屋盖或木楼、屋盖的多孔砖房屋，横墙承重时应按表 5.3.5 的要求设置圈梁；纵墙承重时每层均应设置圈梁，且抗震横墙上的圈梁间距应比表内要求适当加密；

2 现浇或装配整体式钢筋混凝土楼、屋盖与墙体有可靠连接的房屋，应允许不另设圈梁，但楼板沿墙体周边应加强配筋，并应与相应的构造柱可靠连接。

现浇钢筋混凝土圈梁设置　　　　　　　表 5.3.5

墙 类	6 度和 7 度	8 度	9 度
外墙和内纵墙	屋盖处及每层楼盖处	屋盖处及每层楼盖处	屋盖处及每层楼盖处
内横墙	同上，屋盖处间距不应大于 7m，楼盖处间距不应大于 15m；构造柱对应部位	同上，屋盖处沿所有横墙，且间距不应大于 7m，楼盖处间距不应大于 7m；构造柱对应部位	同上，各层所有横墙

5.3.6 现浇钢筋混凝土圈梁构造应符合下列规定：

1 圈梁应闭合，遇有洞口应上下搭接，圈梁应与预制板设在同一标高处或紧靠板底；

2 当圈梁在规定的间距内无横墙时，应利用梁或板缝中设置钢筋混凝土现浇带替代圈梁。

5.3.7 多孔砖房屋的楼、屋盖应符合下列规定：

1 现浇钢筋混凝土楼板或屋面板，板伸进外墙的长度不应小于 120mm，伸进不小于 240mm 厚内墙的长度不应小于 120mm，伸进 190mm 厚内墙的长度不应小于 90mm；

2 装配式钢筋混凝土楼板或屋面板，当圈梁未设在板的同一标高时，板伸进外墙的长度不应小于 120mm，伸进不小于 240mm 厚内墙的长度不应小于 100mm，伸进 190mm 厚内墙的长度不应小于 80mm，板在梁上的支承长度不应小于 80mm；

3 当板的跨度大于 4.8m 并与外墙平行时，靠外墙的预制板侧边应与墙或圈梁拉结；

4 房屋端部大房间的楼盖，8 度时房屋的屋盖和 9 度时房屋的楼、屋盖，当圈梁设在板底时，钢筋混凝土预制板应相互拉结，并应与梁、墙或圈梁拉结。

5.3.10 楼梯间应符合下列规定：

1 装配式楼梯段应与平台板的梁可靠连接，不应采用墙中悬挑式踏步或踏步竖肋插入墙体的楼梯，不应采用无筋砖砌栏板；

2 在 8 度和 9 度区，顶层楼梯间横墙和外墙应沿墙高每隔 500mm 设 2 根 $\phi6$ 的通长钢筋。

八、《高层建筑混凝土结构技术规程》
JGJ 3—2010（31条）

3.8.1 高层建筑结构构件的承载力应按下列公式验算：

持久设计状况、短暂设计状况

$$\gamma_0 S_d \leqslant R_d \tag{3.8.1-1}$$

地震设计状况 $\qquad S_d \leqslant R_d / \gamma_{RE} \tag{3.8.1-2}$

式中 γ_0——结构重要性系数，对安全等级为一级的结构构件不应小于 1.1，对安全等级为二级的结构构件不应小于 1.0；

S_d——作用组合的效应设计值，应符合本规程第 5.6.1~5.6.4 条的规定；

R_d——构件承载力设计值；

γ_{RE}——构件承载力抗震调整系数。

3.9.1 各抗震设防类别的高层建筑结构，其抗震措施应符合下列要求：

1 甲类、乙类建筑：应按本地区抗震设防烈度提高一度的要求加强其抗震措施，但抗震设防烈度为 9 度时应按比 9 度更高的要求采取抗震措施；当建筑场地为 I 类时，应允许仍按本地区抗震设防烈度的要求采取抗震构造措施。

2 丙类建筑：应按本地区抗震设防烈度确定其抗震措施；当建筑场地为 I 类时，除 6 度外，应允许按本地区抗震设防烈度降低一度的要求采取抗震构造措施。

3.9.3 抗震设计时，高层建筑钢筋混凝土结构构件应根据抗震设防分类、烈度、结构类型和房屋高度采用不同的抗震等级，并应符合相应的计算和构造措施要求。A 级高度丙类建筑钢筋混凝土结构的抗震等级应按表 3.9.3 确定。当本地区的设防烈度为 9 度时，A级高度乙类建筑的抗震等级应按特一级采用，甲类建筑应采取更有效的抗震措施。

注：本规程"特一级和一、二、三、四级"即"抗震等级为特一级和一、二、三、四级"的简称。

A 级高度的高层建筑结构抗震等级　　　　　　　　　　　表 3.9.3

结 构 类 型		烈　　度						
		6 度		7 度		8 度		9 度
框架结构		三		二		一		一
框架-剪力墙结构	高度（m）	≤60	>60	≤60	>60	≤60	>60	≤50
	框架	四	三	三	二	二	一	一
	剪力墙	三		二		一		一
剪力墙结构	高度（m）	≤80	>80	≤80	>80	≤80	>80	≤60
	剪力墙	四	三	三	二	二	一	一
部分框支剪力墙结构	非底部加强部位的剪力墙	四	三	三	二	二	一	
	底部加强部位的剪力墙	三	二	二	一	一		
	框支框架	二	二	一	一			

续表

结构类型			烈　度					
			6 度		7 度		8 度	9 度
筒体结构	框架-核心筒	框架	三		二		一	一
		核心筒	二		二		一	一
	筒中筒	内筒	三		二		一	一
		外筒						
板柱-剪力墙结构	高度		≤35	>35	≤35	>35	≤35	>35	
	框架、板柱及柱上板带		三	二	二	二	一	一	—
	剪力墙		二	二	二	一	二	一	

注：1. 接近或等于高度分界时，应结合房屋不规则程度及场地、地基条件适当确定抗震等级；
　　2. 底部带转换层的筒体结构，其转换框架的抗震等级应按表中部分框支剪力墙结构的规定采用；
　　3. 当框架-核心筒结构的高度不超过 60m 时，其抗震等级应允许按框架-剪力墙结构采用。

3.9.4　抗震设计时，B 级高度丙类建筑钢筋混凝土结构的抗震等级应按表 3.9.4 确定。

B 级高度的高层建筑结构抗震等级　　　　　　　　　表 3.9.4

结 构 类 型		烈　度		
		6 度	7 度	8 度
框架-剪力墙	框架	二	一	一
	剪力墙	二	一	特一
剪力墙	剪力墙	二	一	一
部分框支剪力墙	非底部加强部位剪力墙	二	一	一
	底部加强部位剪力墙	一	一	特一
	框支框架	一	特一	特一
框架-核心筒	框架	二	一	一
	筒体	二	一	特一
筒中筒	外筒	二	一	特一
	内筒	二	一	特一

注：底部带转换层的筒体结构，其转换框架和底部加强部位筒体的抗震等级应按表中部分框支剪力墙结构的规定采用。

4.2.2　基本风压应按照现行国家标准《建筑结构荷载规范》GB 50009 的规定采用。对风荷载比较敏感的高层建筑，承载力设计时应按基本风压的 1.1 倍采用。

4.3.1　各抗震设防类别高层建筑的地震作用，应符合下列规定：

　1　甲类建筑：应按批准的地震安全性评价结果且高于本地区抗震设防烈度的要求确定；

　2　乙、丙类建筑：应按本地区抗震设防烈度计算。

4.3.2　高层建筑结构的地震作用计算应符合下列规定：

　1　一般情况下，应至少在结构两个主轴方向分别计算水平地震作用；有斜交抗侧力构件的结构，当相交角度大于 15°时，应分别计算各抗侧力构件方向的水平地震作用。

2　质量与刚度分布明显不对称的结构，应计算双向水平地震作用下的扭转影响；其他情况，应计算单向水平地震作用下的扭转影响。

3　高层建筑中的大跨度、长悬臂结构，7度（0.15g）、8度抗震设计时应计入竖向地震作用。

4　9度抗震设计时应计算竖向地震作用。

4.3.12　多遇地震水平地震作用计算时，结构各楼层对应于地震作用标准值的剪力应符合下式要求：

$$V_{Eki} \geqslant \lambda \sum_{j=i}^{n} G_j \qquad (4.3.12)$$

式中：V_{Eki} ——第 i 层对应于水平地震作用标准值的剪力；

　　　　λ ——水平地震剪力系数，不应小于表 4.3.12 规定的值；对于竖向不规则结构的薄弱层，尚应乘以 1.15 的增大系数；

　　　　G_j ——第 j 层的重力荷载代表值；

　　　　n ——结构计算总层数。

楼层最小地震剪力系数值　　　　　　　　　　　　　表 4.3.12

类　　别	6度	7度	8度	9度
扭转效应明显或基本周期小于 3.5s 的结构	0.008	0.016（0.024）	0.032（0.048）	0.064
基本周期大于 5.0s 的结构	0.006	0.012（0.018）	0.024（0.036）	0.048

注：1. 基本周期介于 3.5s 和 5.0s 之间的结构，应允许线性插入取值；

　　2. 7、8 度时括号内数值分别用于设计基本地震加速度为 0.15g 和 0.30g 的地区。

4.3.16　计算各振型地震影响系数所采用的结构自振周期应考虑非承重墙体的刚度影响予以折减。

5.4.4　高层建筑结构的整体稳定性应符合下列规定：

1　剪力墙结构、框架-剪力墙结构、筒体结构应符合下式要求：

$$EJ_d \geqslant 1.4H^2 \sum_{i=1}^{n} G_i \qquad (5.4.4-1)$$

2　框架结构应符合下式要求：

$$D_i \geqslant 10 \sum_{j=i}^{n} G_j / h_i \quad (i=1,2,\cdots,n) \qquad (5.4.4-2)$$

5.6.1　持久设计状况和短暂设计状况下，当荷载与荷载效应按线性关系考虑时，荷载基本组合的效应设计值应按下式确定：

$$S_d = \gamma_G S_{Gk} + \gamma_L \psi_Q \gamma_Q S_{Qk} + \psi_w \gamma_w S_{wk} \qquad (5.6.1)$$

式中：S_d ——荷载组合的效应设计值；

　　　　γ_G ——永久荷载分项系数；

　　　　γ_Q ——楼面活荷载分项系数；

　　　　γ_w ——风荷载的分项系数；

$\gamma_{\rm L}$——考虑结构设计使用年限的荷载调整系数，设计使用年限为 50 年时取 1.0，设计使用年限为 100 年时取 1.1；

$S_{\rm Gk}$——永久荷载效应标准值；

$S_{\rm Qk}$——楼面活荷载效应标准值；

$S_{\rm wk}$——风荷载效应标准值；

$\psi_{\rm Q}$、$\psi_{\rm w}$——分别为楼面活荷载组合值系数和风荷载组合值系数，当永久荷载效应起控制作用时应分别取 0.7 和 0.0；当可变荷载效应起控制作用时应分别取 1.0 和 0.6 或 0.7 和 1.0。

注：对书库、档案库、储藏室、通风机房和电梯机房，本条楼面活荷载组合值系数取 0.7 的场合应取为 0.9。

5.6.2　持久设计状况和短暂设计状况下，荷载基本组合的分项系数应按下列规定采用：

1　永久荷载的分项系数 $\gamma_{\rm G}$：当其效应对结构承载力不利时，对由可变荷载效应控制的组合应取 1.2，对由永久荷载效应控制的组合应取 1.35；当其效应对结构承载力有利时，应取 1.0。

2　楼面活荷载的分项系数 $\gamma_{\rm Q}$：一般情况下应取 1.4。

3　风荷载的分项系数 $\gamma_{\rm w}$ 应取 1.4。

5.6.3　地震设计状况下，当作用与作用效应按线性关系考虑时，荷载和地震作用基本组合的效应设计值应按下式确定：

$$S_{\rm d}=\gamma_{\rm G}S_{\rm GE}+\gamma_{\rm Eh}S_{\rm Ehk}+\gamma_{\rm Ev}S_{\rm Evk}+\psi_{\rm w}\gamma_{\rm w}S_{\rm wk} \qquad (5.6.3)$$

式中：$S_{\rm d}$——荷载和地震作用组合的效应设计值；

$S_{\rm GE}$——重力荷载代表值的效应；

$S_{\rm Ehk}$——水平地震作用标准值的效应，尚应乘以相应的增大系数、调整系数；

$S_{\rm Evk}$——竖向地震作用标准值的效应，尚应乘以相应的增大系数、调整系数；

$\gamma_{\rm G}$——重力荷载分项系数；

$\gamma_{\rm w}$——风荷载分项系数；

$\gamma_{\rm Eh}$——水平地震作用分项系数；

$\gamma_{\rm Ev}$——竖向地震作用分项系数；

$\psi_{\rm w}$——风荷载的组合值系数，应取 0.2。

5.6.4　地震设计状况下，荷载和地震作用基本组合的分项系数应按表 5.6.4 采用。当重力荷载效应对结构的承载力有利时，表 5.6.4 中 $\gamma_{\rm G}$ 不应大于 1.0。

地震设计状况时荷载和作用的分项系数　　　　　　　表 5.6.4

参与组合的荷载和作用	$\gamma_{\rm G}$	$\gamma_{\rm Eh}$	$\gamma_{\rm Ev}$	$\gamma_{\rm w}$	说　明
重力荷载及水平地震作用	1.2	1.3	—	—	抗震设计的高层建筑结构均应考虑
重力荷载及竖向地震作用	1.2	—	1.3	—	9 度抗震设计时考虑；水平长悬臂和大跨度结构 7 度（0.15g）、8 度、9 度抗震设计时考虑

续表

参与组合的荷载和作用	γ_G	γ_{Eh}	γ_{Ev}	γ_w	说　　明
重力荷载、水平地震及竖向地震作用	1.2	1.3	0.5	—	9度抗震设计时考虑；水平长悬臂和大跨度结构7度（0.15g）、8度、9度抗震设计时考虑
重力荷载、水平地震作用及风荷载	1.2	1.3	—	1.4	60m以上的高层建筑考虑
重力荷载、水平地震作用、竖向地震作用及风荷载	1.2	1.3	0.5	1.4	60m以上的高层建筑，9度抗震设计时考虑；水平长悬臂和大跨度结构7度（0.15g）、8度、9度抗震设计时考虑
	1.2	0.5	1.3	1.4	水平长悬臂结构和大跨度结构，7度（0.15g）、8度、9度抗震设计时考虑

注：1. g为重力加速度；

2. "—"表示组合中不考虑该项荷载或作用效应。

6.1.6 框架结构按抗震设计时，不应采用部分由砌体墙承重之混合形式。框架结构中的楼、电梯间及局部出屋顶的电梯机房、楼梯间、水箱间等，应采用框架承重，不应采用砌体墙承重。

6.3.2 框架梁设计应符合下列要求：

1 抗震设计时，计入受压钢筋作用的梁端截面混凝土受压区高度与有效高度之比值，一级不应大于0.25，二、三级不应大于0.35。

2 纵向受拉钢筋的最小配筋百分率 ρ_{min}（%），非抗震设计时，不应小于0.2和 $45f_t/f_y$ 二者的较大值；抗震设计时，不应小于表6.3.2-1规定的数值。

梁纵向受拉钢筋最小配筋百分率 ρ_{min}（%）　　　　　　　表6.3.2-1

抗震等级	位　　置	
	支座（取较大值）	跨中（取较大值）
一级	0.40和 $80f_t/f_y$	0.30和 $65f_t/f_y$
二级	0.30和 $65f_t/f_y$	0.25和 $55f_t/f_y$
三、四级	0.25和 $55f_t/f_y$	0.20和 $45f_t/f_y$

3 抗震设计时，梁端截面的底面和顶面纵向钢筋截面面积的比值，除按计算确定外，一级不应小于0.5，二、三级不应小于0.3。

4 抗震设计时，梁端箍筋的加密区长度、箍筋最大间距和最小直径应符合表6.3.2-2的要求；当梁端纵向钢筋配筋率大于2%时，表中箍筋最小直径应增大2mm。

梁端箍筋加密区的长度、箍筋最大间距和最小直径　　　　　　表6.3.2-2

抗震等级	加密区长度（取较大值）（mm）	箍筋最大间距（取最小值）（mm）	箍筋最小直径（mm）
一	$2.0h_b$，500	$h_b/4$，$6d$，100	10
二	$1.5h_b$，500	$h_b/4$，$8d$，100	8
三	$1.5h_b$，500	$h_b/4$，$8d$，150	8
四	$1.5h_b$，500	$h_b/4$，$8d$，150	6

注：1. d为纵向钢筋直径，h_b 为梁截面高度；

2. 一、二级抗震等级框架梁，当箍筋直径大于12mm、肢数不少于4肢且肢距不大于150mm时，箍筋加密区最大间距应允许适当放松，但不应大于150mm。

6.4.3 柱纵向钢筋和箍筋配置应符合下列要求：

1 柱全部纵向钢筋的配筋率，不应小于表 6.4.3-1 的规定值，且柱截面每一侧纵向钢筋配筋率不应小于 0.2%；抗震设计时，对 Ⅳ 类场地上较高的高层建筑，表中数值应增加 0.1。

柱纵向受力钢筋最小配筋百分率（%）　　　　　表 6.4.3-1

柱类型	抗 震 等 级				非抗震
	一级	二级	三级	四级	
中柱、边柱	0.9 (1.0)	0.7 (0.8)	0.6 (0.7)	0.5 (0.6)	0.5
角柱	1.1	0.9	0.8	0.7	0.5
框支柱	1.1	0.9	—	—	0.7

注：1. 表中括号内数值适用于框架结构；

2. 采用 335MPa 级、400MPa 级纵向受力钢筋时，应分别按表中数值增加 0.1 和 0.05 采用；

3. 当混凝土强度等级高于 C60 时，上述数值应增加 0.1 采用。

2 抗震设计时，柱箍筋在规定的范围内应加密，加密区的箍筋间距和直径，应符合下列要求：

1） 箍筋的最大间距和最小直径，应按表 6.4.3-2 采用；

柱端箍筋加密区的构造要求　　　　　表 6.4.3-2

抗震等级	箍筋最大间距（mm）	箍筋最小直径（mm）
一级	6d 和 100 的较小值	10
二级	8d 和 100 的较小值	8
三级	8d 和 150（柱根 100）的较小值	8
四级	8d 和 150（柱根 100）的较小值	6（柱根 8）

注：1. d 为柱纵向钢筋直径（mm）；

2. 柱根指框架柱底部嵌固部位。

2） 一级框架柱的箍筋直径大于 12mm 且箍筋肢距不大于 150mm 及二级框架柱箍筋直径不小于 10mm 且肢距不大于 200mm 时，除柱根外最大间距应允许采用 150mm；三级框架柱的截面尺寸不大于 400mm 时，箍筋最小直径应允许采用 6mm；四级框架柱的剪跨比不大于 2 或柱中全部纵向钢筋的配筋率大于 3% 时，箍筋直径不应小于 8mm；

3） 剪跨比不大于 2 的柱，箍筋间距不应大于 100mm。

7.2.17 剪力墙竖向和水平分布钢筋的配筋率，一、二、三级时均不应小于 0.25%，四级和非抗震设计时均不应小于 0.20%。

8.1.5 框架-剪力墙结构应设计成双向抗侧力体系；抗震设计时，结构两主轴方向均应布置剪力墙。

8.2.1 框架-剪力墙结构、板柱-剪力墙结构中，剪力墙的竖向、水平分布钢筋的配筋率，抗震设计时均不应小于 0.25%，非抗震设计时均不应小于 0.20%，并应至少双排布置。各排分布筋之间应设置拉筋，拉筋的直径不应小于 6mm、间距不应大于 600mm。

9.2.3 框架-核心筒结构的周边柱间必须设置框架梁。

9.3.7 外框筒梁和内筒连梁的构造配筋应符合下列要求：

1 非抗震设计时，箍筋直径不应小于 8mm；抗震设计时，箍筋直径不应小于 10mm。

2 非抗震设计时，箍筋间距不应大于 150mm；抗震设计时，箍筋间距沿梁长不变，且不应大于 100mm，当梁内设置交叉暗撑时，箍筋间距不应大于 200mm。

3 框筒梁上、下纵向钢筋的直径均不应小于 16mm，腰筋的直径不应小于 10mm，腰筋间距不应大于 200mm。

10.1.2 9 度抗震设计时不应采用带转换层的结构、带加强层的结构、错层结构和连体结构。

10.2.7 转换梁设计应符合下列要求：

1 转换梁上、下部纵向钢筋的最小配筋率，非抗震设计时均不应小于 0.30%；抗震设计时，特一、一、和二级分别不应小于 0.60%、0.50% 和 0.40%。

2 离柱边 1.5 倍梁截面高度范围内的梁箍筋应加密，加密区箍筋直径不应小于 10mm、间距不应大于 100mm。加密区箍筋的最小面积配筋率，非抗震设计时不应小于 $0.9 f_t / f_{yv}$；抗震设计时，特一、一和二级分别不应小于 $1.3 f_t / f_{yv}$、$1.2 f_t / f_{yv}$ 和 $1.1 f_t / f_{yv}$。

3 偏心受拉的转换梁的支座上部纵向钢筋至少应有 50% 沿梁全长贯通，下部纵向钢筋应全部直通到柱内；沿梁腹板高度应配置间距不大于 200mm、直径不小于 16mm 的腰筋。

10.2.10 转换柱设计应符合下列要求：

1 柱内全部纵向钢筋配筋率应符合本规程第 6.4.3 条中框支柱的规定；

2 抗震设计时，转换柱箍筋应采用复合螺旋箍或井字复合箍，并应沿柱全高加密，箍筋直径不应小于 10mm，箍筋间距不应大于 100mm 和 6 倍纵向钢筋直径的较小值；

3 抗震设计时，转换柱的箍筋配箍特征值应比普通框架柱要求的数值增加 0.02 采用，且箍筋体积配箍率不应小于 1.5%。

10.2.19 部分框支剪力墙结构中，剪力墙底部加强部位墙体的水平和竖向分布钢筋的最小配筋率，抗震设计时不应小于 0.3%，非抗震设计时不应小于 0.25%；抗震设计时钢筋间距不应大于 200mm，钢筋直径不应小于 8mm。

10.3.3 抗震设计时，带加强层高层建筑结构应符合下列要求：

1 加强层及其相邻层的框架柱、核心筒剪力墙的抗震等级应提高一级采用，一级应提高至特一级，但抗震等级已经为特一级时应允许不再提高；

2 加强层及其相邻层的框架柱，箍筋应全柱段加密配置，轴压比限值应按其他楼层框架柱的数值减小 0.05 采用；

3 加强层及其相邻层核心筒剪力墙应设置约束边缘构件。

10.4.4 抗震设计时，错层处框架柱应符合下列要求：

1 截面高度不应小于 600mm，混凝土强度等级不应低于 C30，箍筋应全柱段加密配置；

2 抗震等级应提高一级采用，一级应提高至特一级，但抗震等级已经为特一级时应允许不再提高。

10.5.2 7度（0.15g）和8度抗震设计时，连体结构的连接体应考虑竖向地震的影响。

10.5.6 抗震设计时，连接体及与连接体相连的结构构件应符合下列要求：

1 连接体及与连接体相连的结构构件在连接体高度范围及其上、下层，抗震等级应提高一级采用，一级提高至特一级，但抗震等级已经为特一级时应允许不再提高；

2 与连接体相连的框架柱在连接体高度范围及其上、下层，箍筋应全柱段加密配置，轴压比限值应按其他楼层框架柱的数值减小0.05采用；

3 与连接体相连的剪力墙在连接体高度范围及其上、下层应设置约束边缘构件。

11.1.4 抗震设计时，混合结构房屋应根据设防类别、烈度、结构类型和房屋高度采用不同的抗震等级，并应符合相应的计算和构造措施要求。丙类建筑混合结构的抗震等级应按表11.1.4确定。

钢-混凝土混合结构抗震等级　　　　　　　　　　表 11.1.4

结 构 类 型		抗震设防烈度						
		6度		7度		8度		9度
房屋高度（m）		≤150	>150	≤130	>130	≤100	>100	≤70
钢框架-钢筋混凝土核心筒	钢筋混凝土核心筒	二	一	一	特一	一	特一	特一
型钢（钢管）混凝土框架-钢筋混凝土核心筒	钢筋混凝土核心筒	二	二	二	一	一	特一	特一
	型钢（钢管）混凝土框架	三	二	二	一	一	一	一
房屋高度（m）		≤180	>180	≤150	>150	≤120	>120	≤90
钢外筒-钢筋混凝土核心筒	钢筋混凝土核心筒	二	一	特一	一	特一	特一	特一
型钢(钢管)混凝土外筒-钢筋混凝土核心筒	钢筋混凝土核心筒	二	二	二	一	一	特一	特一
	型钢（钢管）混凝土外筒	三	二	二	一	一	一	一

注：钢结构构件抗震等级，抗震设防烈度为6、7、8、9度时应分别取四、三、二、一级。

九、《建筑工程抗震设防分类标准》
GB 50223—2008（3条）

1.0.3 抗震设防区的所有建筑工程应确定其抗震设防类别。新建、改建、扩建的建筑工程，其抗震设防类别不应低于本标准的规定。

3.0.2 建筑工程应分为以下四个抗震设防类别：

1 特殊设防类：指使用上有特殊设施，涉及国家公共安全的重大建筑工程和地震时可能发生严重次生灾害等特别重大灾害后果，需要进行特殊设防的建筑。简称甲类。

2 重点设防类：指地震时使用功能不能中断或需尽快恢复的生命线相关建筑，以及地震时可能导致大量人员伤亡等重大灾害后果，需要提高设防标准的建筑。简称乙类。

3 标准设防类：指大量的除1、2、4款以外按标准要求进行设防的建筑。简称丙类。

4 适度设防类：指使用上人员稀少且震损不致产生次生灾害，允许在一定条件下适度降低要求的建筑。简称丁类。

3.0.3 各抗震设防类别建筑的抗震设防标准，应符合下列要求：

1 标准设防类，应按本地区抗震设防烈度确定其抗震措施和地震作用，达到在遭遇高于当地抗震设防烈度的预估罕遇地震影响时不致倒塌或发生危及生命安全的严重破坏的抗震设防目标。

2 重点设防类，应按高于本地区抗震设防烈度一度的要求加强其抗震措施；但抗震设防烈度为9度时应按比9度更高的要求采取抗震措施；地基基础的抗震措施，应符合有关规定。同时，应按本地区抗震设防烈度确定其地震作用。

3 特殊设防类，应按高于本地区抗震设防烈度提高一度的要求加强其抗震措施；但抗震设防烈度为9度时应按比9度更高的要求采取抗震措施。同时，应按批准的地震安全性评价的结果且高于本地区抗震设防烈度的要求确定其地震作用。

4 适度设防类，允许比本地区抗震设防烈度的要求适当降低其抗震措施，但抗震设防烈度为6度时不应降低。一般情况下，仍应按本地区抗震设防烈度确定其地震作用。

注：对于划为重点设防类而规模很小的工业建筑，当改用抗震性能较好的材料且符合抗震设计规范对结构体系的要求时，允许按标准设防类设防。

十、《建筑抗震设计规范》
GB 50011—2010（56 条）

1.0.2 抗震设防烈度为 6 度及以上地区的建筑，必须进行抗震设计。

1.0.4 抗震设防烈度必须按国家规定的权限审批、颁发的文件（图件）确定。

3.1.1 抗震设防的所有建筑应按现行国家标准《建筑工程抗震设防分类标准》GB 50223 确定其抗震设防类别及其抗震设防标准。

3.3.1 选择建筑场地时，应根据工程需要和地震活动情况、工程地质和地震地质的有关资料，对抗震有利、一般、不利和危险地段做出综合评价。对不利地段，应提出避开要求；当无法避开时应采取有效的措施。对危险地段，严禁建造甲、乙类的建筑，不应建造丙类的建筑。

3.3.2 建筑场地为 I 类时，对甲、乙类的建筑应允许仍按本地区抗震设防烈度的要求采取抗震构造措施；对丙类的建筑应允许按本地区抗震设防烈度降低一度的要求采取抗震构造措施，但抗震设防烈度为 6 度时仍应按本地区抗震设防烈度的要求采取抗震构造措施。

3.4.1 建筑设计应根据抗震概念设计的要求明确建筑形体的规则性。不规则的建筑应按规定采取加强措施；特别不规则的建筑应进行专门研究和论证，采取特别的加强措施；严重不规则的建筑不应采用。

3.5.2 结构体系应符合下列各项要求：

    1 应具有明确的计算简图和合理的地震作用传递途径。

    2 应避免因部分结构或构件破坏而导致整个结构丧失抗震能力或对重力荷载的承载能力。

    3 应具备必要的抗震承载力，良好的变形能力和消耗地震能量的能力。

    4 对可能出现的薄弱部位，应采取措施提高其抗震能力。

3.7.1 非结构构件，包括建筑非结构构件和建筑附属机电设备，自身及其与结构主体的连接，应进行抗震设计。

3.7.4 框架结构的围护墙和隔墙，应估计其设置对结构抗震的不利影响，避免不合理设置而导致主体结构的破坏。

3.9.1 抗震结构对材料和施工质量的特别要求，应在设计文件上注明。

3.9.2 结构材料性能指标，应符合下列最低要求：

1 砌体结构材料应符合下列规定：

    1）普通砖和多孔砖的强度等级不应低于 MU10，其砌筑砂浆强度等级不应低于 M5；

    2）混凝土小型空心砌块的强度等级不应低于 MU7.5，其砌筑砂浆强度等级不应低于 Mb7.5。

2 混凝土结构材料应符合下列规定：

1）混凝土的强度等级，框支梁、框支柱及抗震等级为一级的框架梁、柱、节点核芯区，不应低于 C30；构造柱、芯柱、圈梁及其他各类构件不应低于 C20；

2）抗震等级为一、二、三级的框架和斜撑构件（含梯段），其纵向受力钢筋采用普通钢筋时，钢筋的抗拉强度实测值与屈服强度实测值的比值不应小于 1.25；钢筋的屈服强度实测值与屈服强度标准值的比值不应大于 1.3，且钢筋在最大拉力下的总伸长率实测值不应小于 9%。

3 钢结构的钢材应符合下列规定：

1）钢材的屈服强度实测值与抗拉强度实测值的比值不应大于 0.85；

2）钢材应有明显的屈服台阶，且伸长率不应小于 20%；

3）钢材应有良好的焊接性和合格的冲击韧性。

3.9.4 在施工中，当需要以强度等级较高的钢筋替代原设计中的纵向受力钢筋时，应按照钢筋受拉承载力设计值相等的原则换算，并应满足最小配筋率要求。

3.9.6 钢筋混凝土构造柱和底部框架-抗震墙房屋中的砌体抗震墙，其施工应先砌墙后浇构造柱和框架梁柱。

4.1.6 建筑的场地类别，应根据土层等效剪切波速和场地覆盖层厚度按表 4.1.6 划分为四类，其中 I 类分为 I_0、I_1 两个亚类。当有可靠的剪切波速和覆盖层厚度且其值处于表 4.1.6 所列场地类别的分界线附近时，应允许按插值方法确定地震作用计算所用的特征周期。

各类建筑场地的覆盖层厚度（m）

表 4.1.6

岩石的剪切波速或土的等效剪切波速（m/s）	场 地 类 别				
	I_0	I_1	II	III	IV
$v_s > 800$	0				
$800 \geqslant v_s > 500$		0			
$500 \geqslant v_{se} > 250$		<5	≥5		
$250 \geqslant v_{se} > 150$		<3	3～50	>50	
$v_{se} \leqslant 150$		<3	3～15	15～80	>80

注：表中 v_s 系岩石的剪切波速。

4.1.8 当需要在条状突出的山嘴、高耸孤立的山丘、非岩石和强风化岩石的陡坡、河岸和边坡边缘等不利地段建造丙类及丙类以上建筑时，除保证其在地震作用下的稳定性外，尚应估计不利地段对设计地震动参数可能产生的放大作用，其水平地震影响系数最大值应乘以增大系数。其值应根据不利地段的具体情况确定，在 1.1～1.6 范围内采用。

4.1.9 场地岩土工程勘察，应根据实际需要划分的对建筑有利、一般、不利和危险的地段，提供建筑的场地类别和岩土地震稳定性（含滑坡、崩塌、液化和震陷特性）评价，对需要采用时程分析法补充计算的建筑，尚应根据设计要求提供土层剖面、场地覆盖层厚度和有关的动力参数。

4.2.2 天然地基基础抗震验算时，应采用地震作用效应标准组合，且地基抗震承载力应取地基承载力特征值乘以地基抗震承载力调整系数计算。

4.3.2 地面下存在饱和砂土和饱和粉土时，除 6 度外，应进行液化判别；存在液化土层的地基，应根据建筑的抗震设防类别、地基的液化等级，结合具体情况采取相应的措施。

4.4.5　液化土和震陷软土中桩的配筋范围，应自桩顶至液化深度以下符合全部消除液化沉陷所要求的深度，其纵向钢筋应与桩顶部相同，箍筋应加粗和加密。

5.1.1　各类建筑结构的地震作用，应符合下列规定：

　1　一般情况下，应至少在建筑结构的两个主轴方向分别计算水平地震作用，各方向的水平地震作用应由该方向抗侧力构件承担。

　2　有斜交抗侧力构件的结构，当相交角度大于 15°时，应分别计算各抗侧力构件方向的水平地震作用。

　3　质量和刚度分布明显不对称的结构，应计入双向水平地震作用下的扭转影响；其他情况，应允许采用调整地震作用效应的方法计入扭转影响。

　4　8、9 度时的大跨度和长悬臂结构及 9 度时的高层建筑，应计算竖向地震作用。

　注：8、9 度时采用隔震设计的建筑结构，应按有关规定计算竖向地震作用。

5.1.3　计算地震作用时，建筑的重力荷载代表值应取结构和构配件自重标准值和各可变荷载组合值之和。各可变荷载的组合值系数，应按表 5.1.3 采用。

组 合 值 系 数　　　　　　　　　　　　　　　　　　表 5.1.3

可变荷载种类		组合值系数
雪荷载		0.5
屋面积灰荷载		0.5
屋面活荷载		不计入
按实际情况计算的楼面活荷载		1.0
按等效均布荷载计算的楼面活荷载	藏书库、档案库	0.8
	其他民用建筑	0.5
起重机悬吊物重力	硬钩吊车	0.3
	软钩吊车	不计入

　注：硬钩吊车的吊重较大时，组合值系数应按实际情况采用。

5.1.4　建筑结构的地震影响系数应根据烈度、场地类别、设计地震分组和结构自振周期以及阻尼比确定。其水平地震影响系数最大值应按表 5.1.4-1 采用；特征周期应根据场地类别和设计地震分组按表 5.1.4-2 采用，计算罕遇地震作用时，特征周期应增加 0.05s。

　注：周期大于 6.0s 的建筑结构所采用的地震影响系数应专门研究。

水平地震影响系数最大值　　　　　　　　　　　　　　表 5.1.4-1

地震影响	6 度	7 度	8 度	9 度
多遇地震	0.04	0.08(0.12)	0.16(0.24)	0.32
罕遇地震	0.28	0.50(0.72)	0.90(1.20)	1.40

　注：括号中数值分别用于设计基本地震加速度为 0.15g 和 0.30g 的地区。

特征周期值(s) 表 5.1.4-2

设计地震 分组	场 地 类 别				
	I₀	I₁	II	III	IV
第一组	0.20	0.25	0.35	0.45	0.65
第二组	0.25	0.30	0.40	0.55	0.75
第三组	0.30	0.35	0.45	0.65	0.90

5.1.6 结构的截面抗震验算，应符合下列规定：

1 6 度时的建筑（不规则建筑及建造于 IV 类场地上较高的高层建筑除外），以及生土房屋和木结构房屋等，应符合有关的抗震措施要求，但应允许不进行截面抗震验算。

2 6 度时不规则建筑、建造于 IV 类场地上较高的高层建筑，7 度和 7 度以上的建筑结构（生土房屋和木结构房屋等除外），应进行多遇地震作用下的截面抗震验算。

注：采用隔震设计的建筑结构，其抗震验算应符合有关规定。

5.2.5 抗震验算时，结构任一楼层的水平地震剪力应符合下式要求：

$$V_{eki} > \lambda \sum_{j=i}^{n} G_j \qquad (5.2.5)$$

式中：V_{eki}——第 i 层对应于水平地震作用标准值的楼层剪力；

λ——剪力系数，不应小于表 5.2.5 规定的楼层最小地震剪力系数值，对竖向不规则结构的薄弱层，尚应乘以 1.15 的增大系数；

G_j——第 j 层的重力荷载代表值。

楼层最小地震剪力系数值 表 5.2.5

类 别	6 度	7 度	8 度	9 度
扭转效应明显或基本周期 小于 3.5s 的结构	0.008	0.016(0.024)	0.032(0.048)	0.064
基本周期大于 5.0s 的结构	0.006	0.012(0.018)	0.024(0.036)	0.048

注：1. 基本周期介于 3.5s 和 5s 之间的结构，按插入法取值；

2. 括号内数值分别用于设计基本地震加速度为 0.15g 和 0.30g 的地区。

5.4.1 结构构件的地震作用效应和其他荷载效应的基本组合，应按下式计算：

$$S = \gamma_G S_{GE} + \gamma_{Eh} S_{Ehk} + \gamma_{Ev} S_{Evk} + \psi_w \gamma_w S_{wk} \qquad (5.4.1)$$

式中：S——结构构件内力组合的设计值，包括组合的弯矩、轴向力和剪力设计值等；

γ_G——重力荷载分项系数，一般情况应采用 1.2，当重力荷载效应对构件承载能力有利时，不应大于 1.0；

γ_{Eh}、γ_{Ev}——分别为水平、竖向地震作用分项系数，应按表 5.4.1 采用；

γ_w——风荷载分项系数，应采用 1.4；

S_{GE}——重力荷载代表值的效应，可按本规范第 5.1.3 条采用，但有吊车时，尚应包括悬吊物重力标准值的效应；

S_{Ehk}——水平地震作用标准值的效应，尚应乘以相应的增大系数或调整系数；

S_{Evk}——竖向地震作用标准值的效应，尚应乘以相应的增大系数或调整系数；

S_{wk}——风荷载标准值的效应；

ψ_w——风荷载组合值系数，一般结构取 0.0，风荷载起控制作用的建筑应采用 0.2。

注：本规范一般略去表示水平方向的下标。

地震作用分项系数   表 5.4.1

地 震 作 用	γ_{Eh}	γ_{Ev}
仅计算水平地震作用	1.3	0.0
仅计算竖向地震作用	0.0	1.3
同时计算水平与竖向地震作用（水平地震为主）	1.3	0.5
同时计算水平与竖向地震作用（竖向地震为主）	0.5	1.3

5.4.2 结构构件的截面抗震验算，应采用下列设计表达式：

$$S \leqslant R/\gamma_{RE} \tag{5.4.2}$$

式中：γ_{RE}——承载力抗震调整系数，除另有规定外，应按表 5.4.2 采用；

       R——结构构件承载力设计值。

承载力抗震调整系数   表 5.4.2

材料	结 构 构 件	受力状态	γ_{RE}
钢	柱，梁，支撑，节点板件，螺栓，焊缝	强度	0.75
	柱，支撑	稳定	0.80
砌体	两端均有构造柱、芯柱的抗震墙	受剪	0.9
	其他抗震墙	受剪	1.0
混凝土	梁	受弯	0.75
	轴压比小于 0.15 的柱	偏压	0.75
	轴压比不小于 0.15 的柱	偏压	0.80
	抗震墙	偏压	0.85
	各类构件	受剪、偏拉	0.85

5.4.3 当仅计算竖向地震作用时，各类结构构件承载力抗震调整系数均应采用 1.0。

6.1.2 钢筋混凝土房屋应根据设防类别、烈度、结构类型和房屋高度采用不同的抗震等级，并应符合相应的计算和构造措施要求。丙类建筑的抗震等级应按表 6.1.2 确定。

6.3.3 梁的钢筋配置，应符合下列各项要求：

1 梁端计入受压钢筋的混凝土受压区高度和有效高度之比，一级不应大于 0.25，二、三级不应大于 0.35。

2 梁端截面的底面和顶面纵向钢筋配筋量的比值，除按计算确定外，一级不应小于 0.5，二、三级不应小于 0.3。

3 梁端箍筋加密区的长度、箍筋最大间距和最小直径应按表 6.3.3 采用，当梁端纵向受拉钢筋配筋率大于 2% 时，表中箍筋最小直径数值应增大 2mm。

6.3.7 柱的钢筋配置，应符合下列各项要求：

1 柱纵向受力钢筋的最小总配筋率应按表 6.3.7-1 采用，同时每一侧配筋率不应小于 0.2%；对建造于Ⅳ类场地且较高的高层建筑，最小总配筋率应增加 0.1%。

现浇钢筋混凝土房屋的抗震等级　　　　　　表 6.1.2

结构类型		6		7			8			9	
					设防烈度						
框架结构	高度（m）	≤24	>24	≤24		>24	≤24		>24	≤24	
	框架	四	三	三		二	二		一	一	
	大跨度框架	三		二			一			一	
框架-抗震墙结构	高度（m）	≤60	>60	≤24	25~60	>60	≤24	25~60	>60	≤24	25~50
	框架	四	三	四	三	二	三	二	一	二	一
	抗震墙	三		二			二			一	
抗震墙结构	高度（m）	≤80	>80	≤24	25~80	>80	≤24	25~80	>80	≤24	25~60
	剪力墙	四	三	四	三	二	三	二	一	二	一
部分框支抗震墙结构	高度（m）	≤80	>80	≤24	25~80	>80	≤24	25~80			
	抗震墙 一般部位	四	三	四	三	二	三	二			
	抗震墙 加强部位	三	二	三	二	一	二	一			
	框支层框架			二			二	一			
框架-核心筒结构	框架	三		三			一			一	
	核心筒	二		二			一			一	
筒中筒结构	外筒	三		三			一			一	
	内筒	三		三			一			一	
板柱-抗震墙结构	高度（m）	≤35	>35	≤35		>35	≤35		>35		
	框架、板柱的柱	三	二	二		二	二		二		
	抗震墙	二	二	二		二	二		一		

注：1. 建筑场地为Ⅰ类时，除6度外应允许按表内降低一度所对应的抗震等级采取抗震构造措施，但相应的计算要求不应降低；
　　2. 接近或等于高度分界时，应允许结合房屋不规则程度及场地、地基条件确定抗震等级；
　　3. 大跨度框架指跨度不小于18m的框架；
　　4. 高度不超过60m的框架-核心筒结构按框架-抗震墙的要求设计时，应按表中框架-抗震墙结构的规定确定其抗震等级。

梁端箍筋加密区的长度、箍筋的最大间距和最小直径　　　　表 6.3.3

抗震等级	加密区长度（采用较大值）（mm）	箍筋最大间距（采用最小值）（mm）	箍筋最小直径（mm）
一	$2h_b$，500	$h_b/4$，$6d$，100	10
二	$1.5h_b$，500	$h_b/4$，$8d$，100	8
三	$1.5h_b$，500	$h_b/4$，$8d$，150	8
四	$1.5h_b$，500	$h_b/4$，$8d$，150	6

注：1. d 为纵向钢筋直径，h_b 为梁截面高度；
　　2. 箍筋直径大于12mm、数量不少于4肢且肢距不大于150mm时，一、二级的最大间距应允许适当放宽，但不得大于150mm。

柱截面纵向钢筋的最小总配筋率（百分率）　　　　表 6.3.7-1

类别	抗震等级 一	二	三	四
中柱和边柱	0.9(1.0)	0.7(0.8)	0.6(0.7)	0.5(0.6)
角柱、框支柱	1.1	0.9	0.8	0.7

注：1. 表中括号内数值用于框架结构的柱；
　　2. 钢筋强度标准值小于400MPa时，表中数值应增加0.1，钢筋强度标准值为400MPa时，表中数值应增加0.05；
　　3. 混凝土强度等级高于C60时，上述数值应相应增加0.1。

2 柱箍筋在规定的范围内应加密，加密区的箍筋间距和直径，应符合下列要求：

1）一般情况下，箍筋的最大间距和最小直径，应按表 6.3.7-2 采用。

柱箍筋加密区的箍筋最大间距和最小直径　　　　　　表 6.3.7-2

抗震等级	箍筋最大间距（采用较小值，mm）	箍筋最小直径（mm）
一	6d，100	10
二	8d，100	8
三	8d，150（柱根 100）	8
四	8d，150（柱根 100）	6（柱根 8）

注：1. d 为柱纵筋最小直径；

　　2. 柱根指底层柱下端箍筋加密区。

2）一级框架柱的箍筋直径大于 12mm 且箍筋肢距不大于 150mm 及二级框架柱的箍筋直径不小于 10mm 且箍筋肢距不大于 200mm 时，除底层柱下端外，最大间距应允许采用 150mm；三级框架柱的截面尺寸不大于 400mm 时，箍筋最小直径应允许采用 6mm；四级框架柱剪跨比不大于 2 时，箍筋直径不应小于 8mm。

3）框支柱和剪跨比不大于 2 的框架柱，箍筋间距不应大于 100mm。

6.4.3 抗震墙竖向、横向分布钢筋的配筋，应符合下列要求：

1 一、二、三级抗震墙的竖向和横向分布钢筋最小配筋率均不应小于 0.25%，四级抗震墙分布钢筋最小配筋率不应小于 0.20%。

注：高度小于 24m 且剪压比很小的四级抗震墙，其竖向分布筋的最小配筋率应允许按 0.15% 采用。

2 部分框支抗震墙结构的落地抗震墙底部加强部位，竖向和横向分布钢筋配筋率均不应小于 0.3%。

7.1.2 多层房屋的层数和高度应符合下列要求：

1 一般情况下，房屋的层数和总高度不应超过表 7.1.2 的规定。

房屋的层数和总高度限值（m）　　　　　　表 7.1.2

房屋类别		最小抗震墙厚度（mm）	烈度和设计基本地震加速度										
			6		7				8				9	
			0.05g		0.10g		0.15g		0.20g		0.30g		0.40g	
			高度	层数	高度	层数	高度	层数	高度	层数	高度	层数	高度	层数
多层砌体房屋	普通砖	240	21	7	21	7	21	7	18	6	15	5	12	4
	多孔砖	240	21	7	21	7	18	6	18	6	15	5	9	3
	多孔砖	190	21	7	18	6	15	5	15	5	12	4	—	—
	小砌块	190	21	7	21	7	18	6	18	6	15	5	9	3
底部框架-抗震墙砌体房屋	普通砖多孔砖	240	22	7	22	7	19	6	16	5	—	—	—	—
	多孔砖	190	22	7	19	6	16	5	13	4	—	—	—	—
	小砌块	190	22	7	22	7	19	6	16	5	—	—	—	—

注：1. 房屋的总高度指室外地面到主要屋面板板顶或檐口的高度，半地下室从地下室室内地面算起，全地下室和嵌固条件好的半地下室应允许从室外地面算起；对带阁楼的坡屋面应算到山尖墙的 1/2 高度处；

　　2. 室内外高差大于 0.6m 时，房屋总高度应允许比表中的数据适当增加，但增加量应少于 1.0m；

　　3. 乙类的多层砌体房屋仍按本地区设防烈度查表，其层数应减少一层且总高度应降低 3m；不应采用底部框架-抗震墙砌体房屋；

　　4. 本表小砌块砌体房屋不包括配筋混凝土小型空心砌块砌体房屋。

2 横墙较少的多层砌体房屋，总高度应比表7.1.2的规定降低3m，层数相应减少一层；各层横墙很少的多层砌体房屋，还应再减少一层。

注：横墙较少是指同一楼层内开间大于4.2m的房间占该层总面积的40%以上；其中，开间不大于4.8m的房间占该层总面积不到20%且开间大于4.8m的房间占该层总面积的50%以上为横墙很少。

3 6、7度时，横墙较少的两类多层砌体房屋，当按规定采取加强措施并满足抗震承载力要求时，其高度和层数应允许仍按表7.1.2的规定采用。

4 采用蒸压灰砂砖和蒸压粉煤灰砖的砌体的房屋，当砌体的抗剪强度仅达到普通黏土砖砌体的70%时，房屋的层数应比普通砖房减少一层，总高度应减少3m；当砌体的抗剪强度达到普通黏土砖砌体的取值时，房屋层数和总高度的要求同普通砖房屋。

7.1.5 房屋抗震横墙的间距，不应超过表7.1.5的要求：

房屋抗震横墙的间距（m）   表7.1.5

房屋类别		烈度			
		6	7	8	9
多层砌体房屋	现浇或装配整体式钢筋混凝土土楼、屋盖	15	15	11	7
	装配式钢筋混凝土楼、屋盖	11	11	9	4
	木屋盖	9	9	4	—
底部框架-抗震墙砌体房屋	上部各层	同多层砌体房屋			—
	底层或底部两层	18	15	11	—

注：1. 多层砌体房屋的顶层，除木屋盖外的最大横墙间距应允许适当放宽，但应采取相应加强措施；
    2. 多孔砌抗震横墙厚度为190mm时，最大横墙间距应比表中数值减少3m。

7.1.8 底部框架-抗震墙砌体房屋的结构布置，应符合下列要求：

1 上部的砌体墙体与底部的框架梁或抗震墙，除楼梯间附近的个别墙段外均应对齐。

2 房屋的底部，应沿纵横两方向设置一定数量的抗震墙，并应均匀对称布置。6度且总层数不超过四层的底层框架-抗震墙砌体房屋，应允许采用嵌砌于框架之间的约束普通砖砌体或小砌块砌体的砌体抗震墙，但应计入砌体墙对框架的附加轴力和附加剪力并进行底层的抗震验算，且同一方向不应同时采用钢筋混凝土抗震墙和约束砌体抗震墙；其余情况，8度时应采用钢筋混凝土抗震墙，6、7度时应采用钢筋混凝土抗震墙或配筋小砌块砌体抗震墙。

3 底层框架-抗震墙砌体房屋的纵横两个方向，第二层计入构造柱影响的侧向刚度与底层侧向刚度的比值，6、7度时不应大于2.5，8度时不应大于2.0，且均不应小于1.0。

4 底部两层框架-抗震墙砌体房屋纵横两个方向，底层与底部第二层侧向刚度应接近，第三层计入构造柱影响的侧向刚度与底部第二层侧向刚度的比值，6、7度时不应大于2.0，8度时不应大于1.5，且均不应小于1.0。

5 底部框架-抗震墙砌体房屋的抗震墙应设置条形基础、筏形基础等整体性好的基础。

7.2.4 底部框架-抗震墙砌体房屋的地震作用效应，应按下列规定调整：

1 对底层框架-抗震墙砌体房屋，底层的纵向和横向地震剪力设计值均应乘以增大系数；其值应允许在1.2～1.5范围内选用，第二层与底层侧向刚度比大者应取大值。

2　对底部两层框架-抗震墙砌体房屋，底层和第二层的纵向和横向地震剪力设计值亦均应乘以增大系数；其值应允许在 1.2～1.5 范围内选用，第三层与第二层侧向刚度比大者应取大值。

3　底层或底部两层的纵向和横向地震剪力设计值应全部由该方向的抗震墙承担，并按各墙体的侧向刚度比例分配。

7.2.6　各类砌体沿阶梯形截面破坏的抗震抗剪强度设计值，应按下式确定：

$$f_{vE} = \zeta_N f_v \qquad\qquad (7.2.6)$$

式中：f_{vE}——砌体沿阶梯形截面破坏的抗震抗剪强度设计值；

　　　　f_v——非抗震设计的砌体抗剪强度设计值；

　　　　ζ_N——砌体抗震抗剪强度的正应力影响系数，应按表 7.2.6 采用。

砌体强度的正应力影响系数　　　　　　　　　表 7.2.6

砌体类别	σ_0/f_v							
	0.0	1.0	3.0	5.0	7.0	10.0	12.0	≥16.0
普通砖，多孔砖	0.80	0.99	1.25	1.47	1.65	1.90	2.05	—
小砌块	—	1.23	1.69	2.15	2.57	3.02	3.32	3.92

注：σ_0 为对应于重力荷载代表值的砌体截面平均压应力。

7.3.1　各类多层砖砌体房屋，应按下列要求设置现浇钢筋混凝土构造柱（以下简称构造柱）：

1　构造柱设置部位，一般情况下应符合表 7.3.1 的要求。

2　外廊式和单面走廊式的多层房屋，应根据房屋增加一层的层数，按表 7.3.1 的要求设置构造柱，且单面走廊两侧的纵墙均应按外墙处理。

多层砖砌体房屋构造柱设置要求　　　　　　　表 7.3.1

房屋层数				设　置　部　位	
6 度	7 度	8 度	9 度		
四、五	三、四	二、三		楼、电梯间四角，楼梯斜梯段上下端对应的墙体处	隔 12m 或单元横墙与外纵墙交接处；楼梯间对应的另一侧内横墙与外纵墙交接处
六	五	四	二	外墙四角和对应转角；错层部位横墙与外纵墙交接处	隔开间横墙（轴线）与外墙交接处；山墙与内纵墙交接处
七	≥六	≥五	≥三	大房间内外墙交接处；较大洞口两侧	内墙（轴线）与外墙交接处；内墙的局部较小墙垛处；内纵墙与横墙（轴线）交接处

注：较大洞口，内墙指不小于 2.1m 的洞口；外墙在内外墙交接处已设置构造柱时应允许适当放宽，但洞侧墙体应加强。

3　横墙较少的房屋，应根据房屋增加一层的层数，按表 7.3.1 的要求设置构造柱。当横墙较少的房屋为外廊式或单面走廊式时，应按本条 2 款要求设置构造柱；但 6 度不超过四层、7 度不超过三层和 8 度不超过二层时，应按增加二层的层数对待。

4　各层横墙很少的房屋，应按增加二层的层数设置构造柱。

5 采用蒸压灰砂砖和蒸压粉煤灰砖的砌体房屋，当砌体的抗剪强度仅达到普通黏土砖砌体的70%时，应根据增加一层的层数按本条1~4款要求设置构造柱；但6度不超过四层、7度不超过三层和8度不超过二层时，应按增加二层的层数对待。

7.3.3 多层砖砌体房屋的现浇钢筋混凝土圈梁设置应符合下列要求：

1 装配式钢筋混凝土楼、屋盖或木屋盖的砖房，应按表7.3.3的要求设置圈梁；纵墙承重时，抗震横墙上的圈梁间距应比表内要求适当加密。

2 现浇或装配整体式钢筋混凝土楼、屋盖与墙体有可靠连接的房屋，应允许不另设圈梁，但楼板沿抗震墙体周边均应加强配筋并应与相应的构造柱钢筋可靠连接。

多层砖砌体房屋现浇钢筋混凝土圈梁设置要求 表 7.3.3

墙 类	烈 度		
	6、7	8	9
外墙和内纵墙	屋盖处及每层楼盖处	屋盖处及每层楼盖处	屋盖处及每层楼盖处
内横墙	同上； 屋盖处间距不应大于4.5m； 楼盖处间距不应大于7.2m； 构造柱对应部位	同上； 各层所有横墙，且间距 不应大于4.5m； 构造柱对应部位	同上； 各层所有横墙

7.3.5 多层砖砌体房屋的楼、屋盖应符合下列要求：

1 现浇钢筋混凝土楼板或屋面板伸进纵、横墙内的长度，均不应小于120mm。

2 装配式钢筋混凝土楼板或屋面板，当圈梁未设在板的同一标高时，板端伸进外墙的长度不应小于120mm，伸进内墙的长度不应小于100mm或采用硬架支模连接，在梁上不应小于80mm或采用硬架支模连接。

3 当板的跨度大于4.8m并与外墙平行时，靠外墙的预制板侧边应与墙或圈梁拉结。

4 房屋端部大房间的楼盖，6度时房屋的屋盖和7~9度时房屋的楼、屋盖，当圈梁设在板底时，钢筋混凝土预制板应相互拉结，并应与梁、墙或圈梁拉结。

7.3.6 楼、屋盖的钢筋混凝土梁或屋架应与墙、柱（包括构造柱）或圈梁可靠连接；不得采用独立砖柱。跨度不小于6m大梁的支承构件应采用组合砌体等加强措施，并满足承载力要求。

7.3.8 楼梯间尚应符合下列要求：

1 顶层楼梯间墙体应沿墙高每隔500mm设2ϕ6通长钢筋和ϕ4分布短钢筋平面内点焊组成的拉结网片或ϕ4点焊网片；7~9度时其他各层楼梯间墙体应在休息平台或楼层半高处设置60mm厚、纵向钢筋不应少于2ϕ10的钢筋混凝土带或配筋砖带，配筋砖带不少于3皮，每皮的配筋不少于2ϕ6，砂浆强度等级不应低于M7.5且不低于同层墙体的砂浆强度等级。

2 楼梯间及门厅内墙阳角处的大梁支承长度不应小于500mm，并应与圈梁连接。

3 装配式楼梯段应与平台板的梁可靠连接，8、9度时不应采用装配式楼梯段；不应采用墙中悬挑式踏步或踏步竖肋插入墙体的楼梯，不应采用无筋砖砌栏板。

4 突出屋顶的楼、电梯间，构造柱应伸到顶部，并与顶部圈梁连接，所有墙体应沿墙高每隔500mm设2ϕ6通长钢筋和ϕ4分布短筋平面内点焊组成的拉结网片或ϕ4点焊网片。

7.4.1 多层小砌块房屋应按表 7.4.1 的要求设置钢筋混凝土芯柱。对外廊式和单面走廊式的多层房屋、横墙较少的房屋、各层横墙很少的房屋，尚应分别按本规范第 7.3.1 条第 2、3、4 款关于增加层数的对应要求，按表 7.4.1 的要求设置芯柱。

多层小砌块房屋芯柱设置要求　　　　　表 7.4.1

房屋层数				设置部位	设置数量
6 度	7 度	8 度	9 度		
四、五	三、四	二、三		外墙转角，楼、电梯间四角，楼梯斜梯段上下端对应的墙体处； 大房间内外墙交接处； 错层部位横墙与外纵墙交接处； 隔 12m 或单元横墙与外纵墙交接处	外墙转角，灌实 3 个孔； 内外墙交接处，灌实 4 个孔； 楼梯斜段上下端对应的墙体处，灌实 2 个孔
六	五	四		同上； 隔开间横墙（轴线）与外纵墙交接处	
七	六	五	二	同上； 各内墙（轴线）与外纵墙交接处； 内纵墙与横墙（轴线）交接处和洞口两侧	外墙转角，灌实 5 个孔； 内外墙交接处，灌实 4 个孔； 内墙交接处，灌实 4～5 个孔； 洞口两侧各灌实 1 个孔
	七	≥六	≥三	同上； 横墙内芯柱间距不大于 2m	外墙转角，灌实 7 个孔； 内外墙交接处，灌实 5 个孔； 内墙交接处，灌实 4～5 个孔； 洞口两侧各灌实 1 个孔

注：外墙转角、内外墙交接处、楼电梯间四角等部位，应允许采用钢筋混凝土构造柱替代部分芯柱。

7.4.4 多层小砌块房屋的现浇钢筋混凝土圈梁的设置位置应按本规范第 7.3.3 条多层砖砌体房屋圈梁的要求执行，圈梁宽度不应小于 190mm，配筋不应少于 4ϕ12，箍筋间距不应大于 200mm。

7.5.7 底部框架-抗震墙砌体房屋的楼盖应符合下列要求：

1 过渡层的底板应采用现浇钢筋混凝土板，板厚不应小于 120mm；并应少开洞、开小洞，当洞口尺寸大于 800mm 时，洞口周边应设置边梁。

2 其他楼层，采用装配式钢筋混凝土楼板时均应设现浇圈梁；采用现浇钢筋混凝土楼板时应允许不另设圈梁，但楼板沿抗震墙体周边均应加强配筋并应与相应的构造柱可靠连接。

7.5.8 底部框架-抗震墙砌体房屋的钢筋混凝土托墙梁，其截面和构造应符合下列要求：

1 梁的截面宽度不应小于 300mm，梁的截面高度不应小于跨度的 1/10。

2 箍筋的直径不应小于 8mm，间距不应大于 200mm；梁端在 1.5 倍梁高且不小于 1/5 梁净跨范围内，以及上部墙体的洞口处和洞口两侧各 500mm 且不小于梁高的范围内，箍筋间距不应大于 100mm。

3 沿梁高应设腰筋，数量不应少于 2ϕ14，间距不应大于 200mm。

4 梁的纵向受力钢筋和腰筋应按受拉钢筋的要求锚固在柱内，且支座上部的纵向钢筋在柱内的锚固长度应符合钢筋混凝土框支梁的有关要求。

8.1.3 钢结构房屋应根据设防分类、烈度和房屋高度采用不同的抗震等级，并应符合相应的计算和构造措施要求。丙类建筑的抗震等级应按表 8.1.3 确定。

钢结构房屋的抗震等级 表 8.1.3

房屋高度	烈 度			
	6	7	8	9
≤50m		四	三	二
>50m	四	三	二	一

注：1. 高度接近或等于高度分界时，应允许结合房屋不规则程度和场地、地基条件确定抗震等级；

2. 一般情况，构件的抗震等级应与结构相同；当某个部位各构件的承载力均满足 2 倍地震作用组合下的内力要求时，7～9 度的构件抗震等级应允许按降低一度确定。

8.3.1 框架柱的长细比，一级不应大于 $60\sqrt{235/f_{ay}}$，二级不应大于 $80\sqrt{235/f_{ay}}$，三级不应大于 $100\sqrt{235/f_{ay}}$，四级时不应大于 $120\sqrt{235/f_{ay}}$。

8.3.6 梁与柱刚性连接时，柱在梁翼缘上下各 500mm 的范围内，柱翼缘与柱腹板间或箱形柱壁板间的连接焊缝应采用全熔透坡口焊缝。

8.4.1 中心支撑的杆件长细比和板件宽厚比限值应符合下列规定：

1 支撑杆件的长细比，按压杆设计时，不应大于 $120\sqrt{235/f_{ay}}$；一、二、三级中心支撑不得采用拉杆设计，四级采用拉杆设计时，其长细比不应大于 180。

2 支撑杆件的板件宽厚比，不应大于表 8.4.1 规定的限值。采用节点板连接时，应注意节点板的强度和稳定。

钢结构中心支撑板件宽厚比限值 表 8.4.1

板件名称	一级	二级	三级	四级
翼缘外伸部分	8	9	10	13
工字形截面腹板	25	26	27	33
箱形截面壁板	18	20	25	30
圆管外径与壁厚比	38	40	40	42

注：表列数值适用于 Q235 钢，采用其他牌号钢材应乘以 $\sqrt{235/f_{ay}}$，圆管应乘以 $235/f_{ay}$。

8.5.1 偏心支撑框架消能梁段的钢材屈服强度不应大于 345MPa。消能梁段及与消能梁段同一跨内的非消能梁段，其板件的宽厚比不应大于表 8.5.1 规定的限值。

偏心支撑框架梁的板件宽厚比限值 表 8.5.1

板件名称		宽厚比值
翼缘外伸部分		8
腹板	当 $N/(Af)\leqslant0.14$ 时	$90[1-1.65N/(Af)]$
	当 $N/(Af)>0.14$ 时	$33[2.3-N/(Af)]$

注：表列数值适用于 Q235 钢，当材料为其他钢号时应乘以 $\sqrt{235/f_{ay}}$，$N/(Af)$ 为梁轴压比。

10.1.3 单层空旷房屋大厅屋盖的承重结构，在下列情况下不应采用砖柱：

1 7度（0.15g）、8度、9度时的大厅。

2 大厅内设有挑台。

3 7度（0.10g）时，大厅跨度大于12m或柱顶高度大于6m。

4 6度时，大厅跨度大于15m或柱顶高度大于8m。

10.1.12 8度和9度时，高大山墙的壁柱应进行平面外的截面抗震验算。

10.1.15 前厅与大厅，大厅与舞台间轴线上横墙，应符合下列要求：

1 应在横墙两端，纵向梁支点及大洞口两侧设置钢筋混凝土框架柱或构造柱。

2 嵌砌在框架柱间的横墙应有部分设计成抗震等级不低于二级的钢筋混凝土抗震墙。

3 舞台口的柱和梁应采用钢筋混凝土结构，舞台口大梁上承重砌体墙应设置间距不大于4m的立柱和间距不大于3m的圈梁，立柱、圈梁的截面尺寸、配筋及与周围砌体的拉结应符合多层砌体房屋的要求。

4 9度时，舞台口大梁上的墙体应采用轻质隔墙。

12.1.5 隔震和消耗减震设计时，隔震装置和消能部件应符合下列要求：

1 隔震装置和消能部件的性能参数应经试验确定。

2 隔震装置和消能部件的设置部位，应采取便于检查和替换的措施。

3 设计文件上应注明对隔震装置和消能部件的性能要求，安装前应按规定进行检测确保性能符合要求。

12.2.1 隔震设计应根据预期的竖向承载力、水平向减震系数和位移控制要求，选择适当的隔震装置及抗风装置组成结构的隔震层。

隔震支座应进行竖向承载力的验算和罕遇地震下水平位移的验算。

隔震层以上结构的水平地震作用应根据水平向减震系数确定；其竖向地震作用标准值，8度（0.20g）、8度（0.30g）和9度时分别不应小于隔震层以上结构总重力荷载代表值的20%、30%和40%。

12.2.9 隔震层以下的结构和基础应符合下列要求：

1 隔震层支墩、支柱及相连构件，应采用隔震结构罕遇地震下隔震支座底部的竖向力、水平力和力矩进行承载力验算。

2 隔震层以下的结构（包括地下室和隔震塔楼下的底盘）中直接支承隔震层以上结构的相关构件，应满足嵌固的刚度比和隔震后设防地震的抗震承载力要求，并按罕遇地震进行抗剪承载力验算。隔震层以下地面以上的结构在罕遇地震下的层间位移角限值应满足表12.2.9要求。

隔震层以下地面以上结构罕遇地震
作用下层间弹塑性位移角限值　　　　　　　　表12.2.9

下部结构类型	$[\theta_p]$
钢筋混凝土框架结构和钢结构	1/100
钢筋混凝土框架-抗震墙	1/200
钢筋混凝土抗震墙	1/250

3 隔震建筑地基基础的抗震验算和地基处理仍应按本地区抗震设防烈度进行，甲、乙类建筑的抗液化措施应按提高一个液化等级确定，直至全部消除液化沉陷。

十一、《建筑地基基础设计规范》GB 50007—2011（28条）

3.0.2 根据建筑物地基基础设计等级及长期荷载作用下地基变形对上部结构的影响程度，地基基础设计应符合下列规定：

1 所有建筑物的地基计算均应满足承载力计算的有关规定；

2 设计等级为甲级、乙级的建筑物，均应按地基变形设计；

3 设计等级为丙级的建筑物有下列情况之一时应作变形验算：

1）地基承载力特征值小于130kPa，且体型复杂的建筑；

2）在基础上及其附近有地面堆载或相邻基础荷载差异较大，可能引起地基产生过大的不均匀沉降时；

3）软弱地基上的建筑物存在偏心荷载时；

4）相邻建筑距离近，可能发生倾斜时；

5）地基内有厚度较大或厚薄不均的填土，其自重固结未完成时。

4 对经常受水平荷载作用的高层建筑、高耸结构和挡土墙等，以及建造在斜坡上或边坡附近的建筑物和构筑物，尚应验算其稳定性；

5 基坑工程应进行稳定性验算；

6 建筑地下室或地下构筑物存在上浮问题时，尚应进行抗浮验算。

3.0.5 地基基础设计时，所采用的作用效应与相应的抗力限值应符合下列规定：

1 按地基承载力确定基础底面积及埋深或按单桩承载力确定桩数时，传至基础或承台底面上的作用效应应按正常使用极限状态下作用的标准组合；相应的抗力应采用地基承载力特征值或单桩承载力特征值；

2 计算地基变形时，传至基础底面上的作用效应应按正常使用极限状态下作用的准永久组合，不应计入风荷载和地震作用；相应的限值应为地基变形允许值；

3 计算挡土墙、地基或滑坡稳定以及基础抗浮稳定时，作用效应应按承载能力极限状态下作用的基本组合，但其分项系数均为1.0；

4 在确定基础或桩基承台高度、支挡结构截面、计算基础或支挡结构内力、确定配筋和验算材料强度时，上部结构传来的作用效应和相应的基底反力、挡土墙土压力以及滑坡推力，应按承载能力极限状态下作用的基本组合，采用相应的分项系数；当需要验算基础裂缝宽度时，应按正常使用极限状态下作用的标准组合；

5 基础设计安全等级、结构设计使用年限、结构重要性系数应按有关规范的规定采用，但结构重要性系数 γ_0 不应小于1.0。

5.1.3 高层建筑基础的埋置深度应满足地基承载力、变形和稳定性要求。位于岩石地基上的高层建筑，其基础埋深应满足抗滑稳定性要求。

5.3.1 建筑物的地基变形计算值，不应大于地基变形允许值。

5.3.4 建筑物的地基变形允许值应按表5.3.4规定采用。对表中未包括的建筑物，其地基变形允许值应根据上部结构对地基变形的适应能力和使用上的要求确定。

建筑物的地基变形允许值 表 5.3.4

变 形 特 征		地基土类别	
		中、低压缩性土	高压缩性土
砌体承重结构基础的局部倾斜		0.002	0.003
工业与民用建筑相邻柱基的沉降差	框架结构	$0.002l$	$0.003l$
	砌体墙填充的边排柱	$0.0007l$	$0.001l$
	当基础不均匀沉降时不产生附加应力的结构	$0.005l$	$0.005l$
单层排架结构(柱距为 6m)柱基的沉降量(mm)		(120)	200
桥式吊车轨面的倾斜(按不调整轨道考虑)	纵 向	0.004	
	横 向	0.003	
多层和高层建筑的整体倾斜	$H_g \leqslant 24$	0.004	
	$24 < H_g \leqslant 60$	0.003	
	$60 < H_g \leqslant 100$	0.0025	
	$H_g > 100$	0.002	
体型简单的高层建筑基础的平均沉降量(mm)		200	
高耸结构基础的倾斜	$H_g \leqslant 20$	0.008	
	$20 < H_g \leqslant 50$	0.006	
	$50 < H_g \leqslant 100$	0.005	
	$100 < H_g \leqslant 150$	0.004	
	$150 < H_g \leqslant 200$	0.003	
	$200 < H_g \leqslant 250$	0.002	
高耸结构基础的沉降量(mm)	$H_g \leqslant 100$	400	
	$100 < H_g \leqslant 200$	300	
	$200 < H_g \leqslant 250$	200	

注：1　本表数值为建筑物地基实际最终变形允许值；

    2　有括号者仅适用于中压缩性土；

    3　l 为相邻柱基的中心距离(mm)；H_g 为自室外地面起算的建筑物高度(m)；

    4　倾斜指基础倾斜方向两端点的沉降差与其距离的比值；

    5　局部倾斜指砌体承重结构沿纵向 6m～10m 内基础两点的沉降差与其距离的比值。

6.1.1 山区(包括丘陵地带)地基的设计，应对下列设计条件分析认定：

1 建设场区内，在自然条件下，有无滑坡现象，有无影响场地稳定性的断层、破碎带；

2 在建设场地周围，有无不稳定的边坡；

3 施工过程中，因挖方、填方、堆载和卸载等对山坡稳定性的影响；

4 地基内岩石厚度及空间分布情况、基岩面的起伏情况、有无影响地基稳定性的临空面；

5 建筑地基的不均匀性；

6 岩溶、土洞的发育程度，有无采空区；

7 出现危岩崩塌、泥石流等不良地质现象的可能性；

8 地面水、地下水对建筑地基和建设场区的影响。

6.3.1 当利用压实填土作为建筑工程的地基持力层时，在平整场地前，应根据结构类型、填料性能和现场条件等，对拟压实的填土提出质量要求。未经检验查明以及不符合质量要求的压实填土，均不得作为建筑工程的地基持力层。

6.4.1 在建设场区内，由于施工或其他因素的影响有可能形成滑坡的地段，必须采取可靠的预防措施。对具有发展趋势并威胁建筑物安全使用的滑坡，应及早采取综合整治措施，防止滑坡继续发展。

7.2.7 复合地基设计应满足建筑物承载力和变形要求。当地基土为欠固结土、膨胀土、湿陷性黄土、可液化土等特殊性土时，设计采用的增强体和施工工艺应满足处理后地基土和增强体共同承担荷载的技术要求。

7.2.8 复合地基承载力特征值应通过现场复合地基载荷试验确定，或采用增强体载荷试验结果和其周边土的承载力特征值结合经验确定。

8.2.7 扩展基础的计算应符合下列规定：

1 对柱下独立基础，当冲切破坏锥体落在基础底面以内时，应验算柱与基础交接处以及基础变阶处的受冲切承载力；

2 对基础底面短边尺寸小于或等于柱宽加两倍基础有效高度的柱下独立基础，以及墙下条形基础，应验算柱（墙）与基础交接处的基础受剪切承载力；

3 基础底板的配筋，应按抗弯计算确定；

4 当基础的混凝土强度等级小于柱的混凝土强度等级时，尚应验算柱下基础顶面的局部受压承载力。

8.4.6 平板式筏基的板厚应满足受冲切承载力的要求。

8.4.9 平板式筏基应验算距内筒和柱边缘 h_0 处截面的受剪承载力。当筏板变厚度时，尚应验算变厚度处筏板的受剪承载力。

8.4.11 梁板式筏基底板应计算正截面受弯承载力，其厚度尚应满足受冲切承载力、受剪切承载力的要求。

8.4.18 梁板式筏基基础梁和平板式筏基的顶面应满足底层柱下局部受压承载力的要求。对抗震设防烈度为 9 度的高层建筑，验算柱下基础梁、筏板局部受压承载力时，应计入竖向地震作用对柱轴力的影响。

8.5.10 桩身混凝土强度应满足桩的承载力设计要求。

8.5.13 桩基沉降计算应符合下列规定：

1 对以下建筑物的桩基应进行沉降验算：

1）地基基础设计等级为甲级的建筑物桩基；

2）体形复杂、荷载不均匀或桩端以下存在软弱土层的设计等级为乙级的建筑物桩基；

3）摩擦型桩基。

2 桩基沉降不得超过建筑物的沉降允许值，并应符合本规范表 5.3.4 的规定。

8.5.20 柱下桩基础独立承台应分别对柱边和桩边、变阶处和桩边连线形成的斜截面进行受剪计算。当柱边外有多排桩形成多个剪切斜截面时，尚应对每个斜截面进行验算。

8.5.22 当承台的混凝土强度等级低于柱或桩的混凝土强度等级时，尚应验算柱下或桩上承台的局部受压承载力。

9.1.3 基坑工程设计应包括下列内容：

1 支护结构体系的方案和技术经济比较；

2 基坑支护体系的稳定性验算；

3 支护结构的承载力、稳定和变形计算；

4 地下水控制设计；

5 对周边环境影响的控制设计；

6 基坑土方开挖方案；

7 基坑工程的监测要求。

9.1.9 基坑土方开挖应严格按设计要求进行，不得超挖。基坑周边堆载不得超过设计规定。土方开挖完成后应立即施工垫层，对基坑进行封闭，防止水浸和暴露，并应及时进行地下结构施工。

9.5.3 支撑结构的施工与拆除顺序，应与支护结构的设计工况相一致，必须遵循先撑后挖的原则。

10.2.1 基槽（坑）开挖到底后，应进行基槽（坑）检验。当发现地质条件与勘察报告和设计文件不一致、或遇到异常情况时，应结合地质条件提出处理意见。

10.2.10 复合地基应进行桩身完整性和单桩竖向承载力检验以及单桩或多桩复合地基载荷试验，施工工艺对桩间土承载力有影响时还应进行桩间土承载力检验。

10.2.13 人工挖孔桩终孔时，应进行桩端持力层检验。单柱单桩的大直径嵌岩桩，应视岩性检验孔底下 3 倍桩身直径或 5m 深度范围内有无土洞、溶洞、破碎带或软弱夹层等不良地质条件。

10.2.14 施工完成后的工程桩应进行桩身完整性检验和竖向承载力检验。承受水平力较大的桩应进行水平承载力检验，抗拔桩应进行抗拔承载力检验。

10.3.2 基坑开挖应根据设计要求进行监测，实施动态设计和信息化施工。

10.3.8 下列建筑物应在施工期间及使用期间进行沉降变形观测：

1 地基基础设计等级为甲级建筑物；

2 软弱地基上的地基基础设计等级为乙级建筑物；

3 处理地基上的建筑物；

4 加层、扩建建筑物；

5 受邻近深基坑开挖施工影响或受场地地下水等环境因素变化影响的建筑物；

6 采用新型基础或新型结构的建筑物。

十二、《建筑地基基础工程施工质量验收规范》
GB 50202—2002（7条）

4.1.5 对灰土地基、砂和砂石地基、土工合成材料地基、粉煤灰地基、强夯地基、注浆地基、预压地基，其竣工后的结果（地基强度或承载力）必须达到设计要求的标准，检验数量，每单位工程不应少于3点，1000m² 以上工程，每100m² 至少应有1点，3000m² 以上工程，每300m² 至少应有1点。每一独立基础下至少应有1点，基槽每20延米应有1点。

4.1.6 对水泥土搅拌桩复合地基、高压喷射注浆桩复合地基、砂桩地基、振冲桩复合地基、土和灰土挤密桩复合地基、水泥粉煤灰碎石桩复合地基及夯实水泥土桩复合地基，其承载力检验，数量为总数的 0.5%～1%，但不应小于3处。有单桩强度检验要求时，数量为总数的 0.5%～1%，但不应少于3根。

5.1.3 打（压）入桩（预制混凝土方桩、先张法预应力管桩、钢桩）的桩位偏差，必须符合表5.1.3的规定。斜桩倾斜度的偏差不得大于倾斜角正切值的15%（倾斜角系桩的纵向中心线与铅垂线间夹角）。

预制桩（钢桩）桩位的允许偏差（mm）　　　　　　　表 5.1.3

1	盖有基础梁的桩： （1）垂直基础梁的中心线 （2）沿基础梁的中心线	$100+0.01H$ $150+0.01H$
2	桩数为 1～3 根桩基中的桩	100
3	桩数为 4～16 根桩基中的桩	1/2 桩径或边长
4	桩数大于 16 根桩基中的桩： （1）最外边的桩 （2）中间桩	1/3 桩径或边长 1/2 桩径或边长

注：H 为施工现场地面标高与桩顶设计标高的距离。

5.1.4 灌注桩的桩位偏差必须符合表5.1.4的规定，桩顶标高至少要比设计标高高出0.5m，桩底清孔质量按不同的成桩工艺有不同的要求，应按本章的各节要求执行。每浇注 50m³ 必须有1组试件，小于 50m³ 的桩，每根桩必须有1组试件。

预制桩（钢桩）桩位的允许偏差（mm）　　　　　　　表 5.1.4

序号	成孔方法		桩径允许偏差（mm）	垂直度允许偏差（%）	桩位允许偏差（mm）	
					1～3 根、单排桩基垂直于中心线方向和群桩基础的边桩	条形桩基沿中心线方向和群桩基础的中间桩
1	泥浆护壁钻孔桩	$D\leqslant1000mm$	±50	<1	$D/6$，且不大于 100	$D/4$，且不大于 150
		$D\leqslant1000mm$	±50		$100+0.01H$	$150+0.01H$
2	套管成孔灌注桩	$D\leqslant500mm$	-20	<1	70	150
		$D\geqslant500mm$			100	150

续表

序号	成孔方法		桩径允许偏差（mm）	垂直度允许偏差（%）	桩位允许偏差（mm）	
					1～3 根、单排桩基垂直于中心线方向和群桩基础的边桩	条形桩基沿中心线方向和群桩基础的中间桩
3	千万孔灌注桩		−20	<1	70	150
4	人工挖孔桩	混凝土护壁	+50	<0.5	50	150
		钢套管护壁	+50	<1	100	200

注：1. 桩径允许偏差的负值是指个别断面。

　　2. 采用复打、反插法施工的桩，其桩径允许偏差不受上表限制。

　　3. H 为施工现场地面标高与标顶设计标高的距离，D 为设计桩径。

5.1.5 工程桩应进行承载力检验。对于地基基础设计等级为甲级或地质条件复杂，成桩质量可靠性低的灌注桩，应采用静载荷试验的方法进行检验，检验桩数不应少于总数的 1%，且不应少于 2 根，当总桩数少于 50 根时，不应少于 2 根。

7.1.3 土方开挖的顺序、方法必须与设计工况相一致，并遵循"开槽支撑，先撑后挖，分层开挖，严禁超挖"的原则。

7.1.7 基坑（槽）、管沟土方工程验收必须确保支护结构安全和周围环境安全为前提。当设计有指标时，以设计要求为依据，如无设计指标时应按表 7.1.7 的规定执行。

基坑变形的监控值（cm）　　　　　　　　　　　表 7.1.7

基坑类别	围护结构墙顶位移监控值	围护结构墙体最大位移监控值	地面最大沉降监控值
一级基坑	3	5	3
二级基坑	6	8	6
三级基坑	8	10	10

注：1. 符合下列情况之一，为一级基坑：

　　　1）重要工程或支护结构做主体结构的一部分；

　　　2）开挖深度大于 10m；

　　　3）与临近建筑物，重要设施的距离在开挖深度以内的基坑；

　　　4）基坑范围内有历史文物、近代优秀建筑、重要管线等需严加保护的基坑。

　　2. 三级基坑为开挖深度小于 7m，且周围环境无特别要求时的基坑。

　　3. 除一级和三级外的基坑属二级基坑。

　　4. 当周围已有设施有特殊要求时，尚应符合这些要求。

十三、《建筑边坡工程技术规范》GB 50330—2002（10条）

3.2.2 破坏后果很严重、严重的下列建筑边坡工程，其安全等级应定为一级：

1 由外倾软弱结构面控制的边坡工程；

2 危岩、滑坡地段的边坡工程；

3 边坡塌滑区内或边坡塌方影响区内有重要建（构）筑物的边坡工程。破坏后果不严重的上述边坡工程的安全等级可定为二级。

3.3.3 永久性边坡的设计使用年限应不低于受其影响相邻建筑的使用年限。

3.3.6 边坡支护结构设计时应进行下列计算和验算：

1 支护结构的强度计算：立柱、面板、挡墙及其基础的抗压、抗弯、抗剪及局部抗压承载力以及锚杆杆体的抗拉承载力等均应满足现行相应标准的要求；

2 锚杆锚固体的抗拔承载力和立柱与挡墙基础的地基承载力计算；

3 支护结构整体或局部稳定性验算；

3.4.2 一级边坡工程应采用动态设计法。应提出对施工方案的特殊要求和监测要求，应掌握施工现场的地质状况、施工情况和变形、应力监测的反馈信息，必要时对原设计做校核、修改和补充。

3.4.9 下列边坡工程的设计及施工应进行专门论证：

1 超过本规范适用范围的建筑边坡工程；

2 地质和环境条件很复杂、稳定性极差的边坡工程；

3 边坡邻近有重要建（构）筑物、地质条件复杂、破坏后果很严重的边坡工程；

4 已发生过严重事故的边坡工程；

5 采用新结构、新技术的一、二级边坡工程。

4.1.1 一级建筑边坡工程应进行专门的岩土工程勘察；二、三级建筑边坡工程可与主体建筑勘察一并进行，但应满足边坡勘察的深度和要求。大型的和地质环境条件复杂的边坡宜分阶段勘察；地质环境复杂的一级边坡工程尚应进行施工勘察。

4.1.3 边坡工程勘察报告应包括下列内容：

1 在查明边坡工程地质和水文地质王件的基础上，确定边坡类别和可能的破坏形式；

2 提供验算边坡稳定性、变形和设计所需的计算参数值；

3 评价边坡的稳定性，并提出潜在的不稳定边坡的整治措施和监测方案的建议；

4 对需进行抗震设防的边坡应根据区划提供设防烈度或地震动参数；

5 提出边坡整治设计、施工注意事项的建议；

6 对所勘察的边坡工程是否存在滑坡（或潜在滑坡）等不良地质现象，以及开挖或构筑的适宜性做出结论；

7 对安全等级为一、二级的边坡工程尚应提出沿边坡开挖线的地质纵、横剖面图。

15.1.2 对土石方开挖后不稳定或欠稳定的边坡，应根据边坡的地质特征和可能发生的破坏等情况，采取自上而下、分段跳槽、及时支护的逆作法或部分逆作法施工。严禁无序大开挖、大爆破作业。

15.1.6 一级边坡工程施工应采用信息施工法。

15.4.1 岩石边坡开挖采用爆破法施工时，应采取有效措施避免爆破对边坡和坡顶建（构）筑物的震害。

十四、《建筑地基处理技术规范》JGJ 79—2002（20条）

3.0.5 按地基变形设计或应作变形验算且需进行地基处理的建筑物或构筑物，应对处理后的地基进行变形验算。

3.0.6 受较大水平荷载或位于斜坡上的建筑物及构筑物，当建造在处理后的地基上时，应进行地基稳定性验算。

4.4.2 垫层的施工质量检验必须分层进行。应在每层的压实系数符合设计要求后铺填上层土。

5.4.2 预压法竣工验收检验应符合下列规定：

    1 排水竖井处理深度范围内和竖井底面以下受压土层，经预压所完成的竖向变形和平均固结度应满足设计要求。

    2 应对预压的地基土进行原位十字板剪切试验和室内土工试验。必要时，尚应进行现场载荷试验，试验数量不应少于3点。

6.1.2 强夯置换法在设计前必须通过现场试验确定其适用性和处理效果。

6.3.5 当强夯施工所产生的振动对邻近建筑物或设备会产生有害的影响时，应设置监测点，并采取挖隔振沟等隔振或防振措施。

6.4.3 强夯处理后的地基竣工验收时，承载力检验应采用原位测试和室内土工试验。强夯置换后的地基竣工验收时，承载力检验除应采用单墩载荷试验检验外，尚应采用动力触探等有效手段查明置换墩着底情况及承载力与密度随深度的变化，对饱和粉土地基允许采用单墩复合地基载荷试验代替单墩载荷试验。

7.4.4 振冲处理后的地基竣工验收时，承载力检验应采用复合地基载荷试验。

8.4.4 砂石桩地基竣工验收时，承载力检验应采用复合地基载荷试验。

9.4.2 水泥粉煤灰碎石桩地基竣工验收时，承载力检验应采用复合地基载荷试验。

10.4.2 夯实水泥土桩地基竣工验收时，承载力检验应采用单桩复合地基载荷试验。对重要或大型工程，尚应进行多桩复合地基载荷试验。

11.1.2 水泥土搅拌法用于处理泥炭土、有机质土、塑性指数 I_p 大于25的黏土、地下水具有腐蚀性时以及无工程经验的地区，必须通过现场试验确定其适用性。

11.3.15 水泥土搅拌法（干法）喷粉施工机械必须配置经国家计量部门确认的具有能瞬时检测并记录出粉量的粉体计量装置及搅拌深度自动记录仪。

11.4.3 竖向承载水泥土搅拌桩地基竣工验收时，承载力检验应采用复合地基载荷试验和单桩载荷试验。

12.4.5 竖向承载旋喷桩地基竣工验收时，承载力检验应采用复合地基载荷试验和单桩载荷试验。

13.3.9 石灰桩施工时应采取防止冲孔伤人的有效措施，确保施工人员的安全。

13.4.3 石灰桩地基竣工验收时，承载力检验应采用复合地基载荷试验。

14.4.3 灰土挤密桩和土挤密桩地基竣工验收时，承载力检验应采用复合地基载荷试验。

15.4.3 柱锤冲扩桩地基竣工验收时，承载力检验应采用复合地基载荷试验。

16.4.2 单液硅化法处理后的地基竣工验收时，承载力及其均匀性应采用动力触探或其他原位测试检验。必要时，尚应在加固土的全部深度内，每隔1m取土样进行室内试验，测定其压缩性和湿陷性。

十五、《型钢混凝土组合结构技术规程》
JGJ 138—2001（4 条）

1.0.2 本规程适用于非地震区和抗震设防烈度为 6 度至 9 度的多、高层建筑和一般构筑物的型钢混凝土组合结构的设计与施工。型钢混凝土组合结构构件应由混凝土、型钢、纵向钢筋和箍筋组成。

4.2.6 型钢混凝土组合结构构件的抗震设计，应根据设防烈度、结构类型、房屋高度按表 4.2.6 采用不同的抗震等级，并应符合相应的计算和抗震构造要求。

型钢混凝土组合结构的抗震等级 表 4.2.6

结构体系与类型		6		7		8			9	
						设防烈度				
框架结构	房屋高度（m）	≤25	>25	≤35	>35	≤35	>35		≤35	
	框架	四	三	三	二	二	一		一	
框架-剪力墙结构	房屋高度（m）	≤50	>50	≤60	>60	<50	50~80	>80	≤25	>25
	框架	四	三	三	二	二	一		二	一
	剪力墙	三	三	二	二	一	一		一	一
剪力墙结构	房屋高度（m）	≤60	>60	≤80	>80	<35	35~80	>80	≤25	>25
	一般剪力墙	四	三	三	二	三	二	一	二	一
	框支落地剪力墙底部加强部位	三	二	二	一	一	一		不应采用	
	框支层框架	三	二	二	一	一	一			
筒体结构	框架-核心筒体　框架	三		二		一			一	
	框架-核心筒体　核心筒体	二		二		一			一	
	筒中筒　框架外筒	三		二		一			一	
	筒中筒　内筒	三		二		一			一	

注：1. 框架-剪力墙结构中，当剪力墙部分承受的地震倾覆力矩不大于结构总地震倾覆力矩的 50%时，其框架部分应按框架结构的抗震等级采用；

2. 部分框支剪力墙结构当采用型钢混凝土结构时，对 8 度设防烈度，其房屋高度不应超过 100m；

3. 有框支层的剪力墙结构，除落地剪力墙底部加强部位外，均按一般剪力墙结构的抗震等级采用；

4. 设防烈度为 8 度的丙类建筑，且房屋高度不超过 12m 的规则的一般民用框架结构（体育馆和影剧院等除外）和类似的工业框架结构，抗震等级采用三级。

5.4.5 型钢混凝土框架梁中箍筋的配置应符合国家标准《混凝土结构设计规范》GBJ 10—89 的规定；考虑地震作用组合的型钢混凝土框架梁，梁端应设置箍筋加密区，其加密区长度、箍筋最大间距和箍筋最小直径应满足表 5.4.5 要求。

梁端箍筋加密区的构造要求　　　　　表 5.4.5

抗震等级	箍筋加密区长度	箍筋最大间距（mm）	箍筋最小直径（mm）
一 级	2h	100	12
二 级	1.5h	100	10
三 级	1.5h	150	10
四 级	1.5h	150	8

注：表中 h 为型钢混凝土梁的梁高。

6.2.1 型钢混凝土框架柱中箍筋的配置应符合国家标准《混凝土结构设计规范》GBJ 10—89 的规定；考虑地震作用组合的型钢混凝土框架柱，柱端箍筋加密区长度、箍筋最大间距和最小直径应按表 6.2.1 的规定采用。

框架柱端箍筋加密区的构造要求　　　　　表 6.2.1

抗震等级	箍筋加密区长度	箍筋最大间距	箍筋最小直径
一 级	取矩形截面长边尺寸（或圆形截面直径）、层间柱净高的1/6 和 500mm 三者中的最大值	取纵向钢筋直径的 6 倍、100mm 二者中的较小值	$\phi10$
二 级		取纵向钢筋直径的 8 倍、100mm 二者中的较小值	$\phi8$
三 级		取纵向钢筋直径的 8 倍、150mm 二者中的较小值	$\phi8$
四 级			$\phi6$

注：1. 对二级抗震等级的框架柱，当箍筋最小直径不小于 $\phi10$ 时，其箍筋最大间距可取 150mm；

2. 剪跨比不大于 2 的框架柱、框支柱和一级抗震等级角柱应沿全长加密箍筋，箍筋间距均不应大于 100mm。

十六、《冷弯薄壁型钢结构技术规范》
GB 50018—2002（10条）

3.0.6 在冷弯薄壁型钢结构设计图纸和材料订货文件中，应注明所采用的钢材的牌号和质量等级、供货条件等以及连接材料的型号（或钢材的牌号）。必要时尚应注明对钢材所要求的机械性能和化学成分的附加保证项目。

4.1.3 设计冷弯薄壁型钢结构时的重要性系数 γ_0 应根据结构的安全等级、设计使用年限确定。

一般工业与民用建筑冷弯薄壁型钢结构的安全等级取为二级，设计使用年限为 50 年时，其重要性系数不应小于 1.0；设计使用年限为 25 年时，其重要性系数不应小于 0.95。特殊建筑冷弯薄壁型钢结构安全等级、设计使用年限另行确定。

4.1.7 设计刚架、屋架、檩条和墙梁时，应考虑由于风吸力作用引起构件内力变化的不利影响，此时永久荷载的荷载分项系数应取 1.0。

4.2.1 钢材的强度设计值应按表 4.2.1 采用。

钢材的强度设计值（N/mm²）　　　　表 4.2.1

钢材牌号	抗拉、抗压和抗弯 f	抗剪 f_v	端面承压（磨平顶紧）f_{ce}
Q235 钢	205	120	310
Q345 钢	300	175	400

4.2.3 经退火、焊接和热镀锌等热处理的冷弯薄壁型钢构件不得采用考虑冷弯效应的强度设计值。

4.2.4 焊缝的强度设计值应按表 4.2.4 采用。

焊缝的强度设计值（N/mm²）　　　　表 4.2.4

构件钢材牌号	对接焊缝			角焊缝
	抗压 f_c^w	抗拉 f_t^w	抗剪 f_v^w	抗压、抗拉和抗剪 f_f^w
Q235 钢	205	175	120	140
Q345 钢	300	255	175	195

注：1. 当 Q235 钢与 Q345 钢对接焊接时，焊缝的强度设计值应按表 4.2.4 中 Q235 钢栏的数值采用；

2. 经 X 射线检查符合一、二级焊缝质量标准的对接焊缝的抗拉强度设计值采用抗压强度设计值。

4.2.5 C 级普通螺栓连接的强度设计值应按表 4.2.5 采用。

C 级普通螺栓连接的强度设计值（N/mm²）　　　　表 4.2.5

类　别	性能等级	构件钢材的牌号	
	4.6 级、4.8 级	Q235 钢	Q345 钢
抗拉 f_t^b	165	—	—

类　别	性能等级	构件钢材的牌号	
	4.6 级、4.8 级	Q235 钢	Q345 钢
抗剪 f_v^b	125	—	—
承压 f_c^b	—	290	370

4.2.7　计算下列情况的结构构件和连接时，本规范 4.2.1 至 4.2.6 条规定的强度设计值，应乘以下列相应的折减系数。

　1　平面格构式檩条的端部主要受压腹杆：0.85；

　2　单面连接的单角钢杆件：

　　1)　按轴心受力计算强度和连接：0.85；

　　2)　按轴心受压计算稳定性：$0.6+0.0014\lambda$；

　　注：对中间无联系的单角钢压杆，λ 为按最小回转半径计算的杆件长细比。

　3　无垫板的单面对接焊缝：0.85；

　4　施工条件较差的高室安装焊缝：0.90；

　5　两构件的连接采用搭接或其间填有垫板的连接以及单盖板的不对称连接：0.90。

　上述几种情况同时存在时，其折减系数应连乘。

9.2.2　屋盖应设置支撑体系。当支撑采用圆钢时，必须具有拉装置。

10.2.3　门式刚架房屋应设置支撑体系。在每个温度区段或分期建设的区段，应设置横梁上弦横向水平支撑及柱间支撑；刚架转折处（即边柱柱顶和屋脊）及多跨房屋适当位置的中间柱顶，应沿房屋全长设置刚性系杆。

十七、《烟囱设计规范》GB 50051—2002（17条）

3.1.1 砖烟囱筒壁的材料应按下列规定采用：

烧结普通黏土砖强度等级不应低于 MU10，水泥石灰混合砂浆强度等级不应低于 M5。

3.1.3 石砌基础的材料应采用未风化的天然石材，并应根据地基土的潮湿程度按下列规定采用：

1 当地基土稍湿时，应采用强度等级不低于 MU30 的石材和强度等级不低于 M5 的水泥砂浆砌筑；

2 当地基土很湿时，应采用强度等级不低于 MU30 的石材和强度等级不低于 M7.5 的水泥砂浆砌筑；

3 当地基土含水饱和时，应采用强度等级不低于 MU40 的石材和强度等级不低于 M10 的水泥砂浆砌筑。

3.2.2 基础及烟道的混凝土强度等级按下列规定采用：

1 刚性基础不应低于 C15；

2 板式基础不应低于 C20；

3 壳体基础不宜低于 C30；

4 烟道不应低于 C20。

4.1.6 对安全等级为一级或设计工作寿命为 100 年以上的烟囱，烟囱的重要性系数 γ_0 不应小于 1.1，其他情况不应小于 1.0。烟囱的设计工作寿命应同其配套使用的建（构）筑物的设计工作寿命相同。

5.2.1 基本风压按国家标准《建筑结构荷载规范》（GB 50009）规定的 50 年一遇的风压采用，但基本风压不得小于 0.35kN/m²。对于安全等级为一级的烟囱，基本风压应按 100 年一遇的风压采用。

5.6.1 烟囱内部的烟气温度，应按烟囱使用时的最高温度采用。

注：如因除尘和余热利用等原因，进入烟囱的烟气温度远低于炉内温度时，应注意考虑由于降温设备故障而出现的事故性高温。

5.6.2 烟囱外部的空气温度，应按下列规定采用：

1 计算烟囱最高受热温度和确定材料在温度作用下的折减系数时，应采用极端最高温度；

2 计算筒壁温度差时，应采用极端最低温度。

6.6.10 地震区的砖烟囱，其最小配筋不应小于表 6.6.10 的规定。

7.1.1 本章适用于高度小于等于 210m 的钢筋混凝土烟囱设计。

7.1.2 钢筋混凝土烟囱筒壁设计，应进行下列几项计算或验算：

1 附加弯矩计算；

地震区砖烟囱上部的最小配筋　　　　　　表 6.6.10

配筋方式	烈度和场地类别		
	6 度 Ⅲ、Ⅳ 类场地	7 度 Ⅰ、Ⅱ 类场地	7 度 Ⅲ、Ⅳ 类场地 8 度 Ⅰ、Ⅱ 类场地
配筋范围	$0.5H$ 到顶端	$0.5H$ 到顶端	$H{\leqslant}30\text{m}$ 时全高 $H{>}30\text{m}$ 时由 $0.4H$ 到顶端
竖向配筋	$\phi 8$，间距 $500{\sim}700\text{mm}$， 且不少于 6 根	$\phi 10$，间距 $500{\sim}700\text{mm}$， 且不少于 6 根	$\phi 10$，间距 500mm， 且不少少于 6 根

注：1. 竖向钢筋接头搭接 40 倍钢筋直径，钢筋在搭接范围内用铅丝绑实，钢筋宜设直角弯钩。

　　2. 烟囱顶部宜设钢筋混凝土压顶圈梁以锚固竖向钢筋。

　　3. 竖向钢筋配置在距筒壁外表面 120mm 处。

　　　　1）计算筒壁水平截面承载能力极限状态的附加弯矩。当在地震区时，尚应计算地震作用下的附加弯矩。

　　　　2）计算正常使用极限状态下的附加弯矩。此时不应考虑地震作用。

　　2　水平截面承载能力极限状态计算。地震区的烟囱应分别按无地震作用和有地震作用两种情况进行计算。

　　3　正常使用极限状态的应力计算。应分别计算水平截面和垂直截面的混凝土和钢筋应力。

　　4　正常使用极限状态的裂缝宽度验算。

8.1.4　套筒式和多管式烟囱应进行下列计算或验算：

　　1　承重外筒应进行水平截面承载能力极限状态计算和水平裂缝宽度验算。除不考虑温度应力及温度对材料强度的影响外，均按本规范第 7 章有关公式进行计算。

　　2　排烟内筒的计算：

　　　　1）分段支撑的砖内筒，应进行受热温度和环箍或环筋计算；

　　　　2）自立式砖砌内筒，除进行受热温度和环箍或环筋计算外，在地震区还应进行地震作用下的承载能力极限状态计算及顶部最大水平位移计算；

　　　　3）自立式钢内筒应进行强度、整体稳定、局部稳定、洞口补强及顶部最大水平位移计算；

　　　　4）悬挂式钢内筒应进行悬挂结点强度计算及悬挂下端最大水平位移计算。

　　3　验算水平位移最大值，应保证内外筒不相碰撞。

9.3.3　自立式钢烟囱的筒壁最小厚度应满足下列条件：

当烟囱高度 $h{\leqslant}20\text{m}$，$t=4.5+C$　　　　　　　　　　　　　　　　　（9.3.3-1）

当烟囱高度 $h{>}20\text{m}$，$t=6+C$　　　　　　　　　　　　　　　　　（9.3.3-2）

　　式中　C——腐蚀厚度裕度，有隔热层时取 $C=2\text{mm}$，无隔热层时取 $C=3\text{mm}$。

11.6.7　板式基础的配筋最小直径和最大间距应符合表 11.6.7 的规定。

板式基础筋最小直径及最大间距（mm）　　　　　　表 11.6.7

部　位	配筋种类		最小直径	最大间距
环壁	竖向钢筋		12	250
	环向钢筋		10	200
底板下部	径环向配筋	径向	10	r_2 处 250，外边缘 400
		环向	10	
	方格网配筋		10	

11.6.8　板式基础底板上部按构造配筋时，其钢筋最小直径与最大间距，应符合表 11.6.8 的规定。

板式基础底板上部的构造配筋（mm）　　　　　　表 11.6.8

基础形式	配筋种类	最小直径	最大间距
环形基础	径环向配筋	10	径向 250　环 250
圆形基础	方格网配筋	10	250

11.6.12　壳体基础应配双层钢筋，其直径不小于 12mm，间距不大于 200mm。受力钢筋接头应采用焊按。当钢筋直径小于 14mm 时，亦可采用搭接，搭接长度不应小于 $40d$，接头位置应相互错开。壳体最小配筋率（径向和环向）均不应小于 0.4%。上壳上下边缘附近构造环向钢筋应适当加强。

11.6.13　基础钢筋保护层应不小于 40mm；当无垫层时，不应小于 70mm。

13.1.1　对于以下可能影响航空器飞行安全的烟囱应设置航空障碍灯和标志。

　1　在民用机场净空保护区域内，修建的烟囱；

　2　在民用机场净空保护区域外，但在民用机场进近管制区域内（即以民用机场基准点（跑道中心点）为中心，以 50km 为半径划定的区域），修建高出地表 150m 的烟囱；

　3　在建有高架直升机停机坪的城市中，修建有可能影响飞行安全的烟囱。

十八、《高层民用建筑设计防火规范》
GB 50045—95（2005 年版）（26 条）

3.0.1 高层建筑应根据其使用性质、火灾危险性、疏散和扑救难度等进行分类。并应符合表 3.0.1 的规定。

建筑分类 表 3.0.1

名　称	一　类	二　类
居住建筑	十九层及十九层以上的住宅	十层至十八层的住宅
公共建筑	1. 医院 2. 高级旅馆 3. 建筑高度超过 50m 或 24m 以上部分的任一楼层的建筑面积超过 1000m² 的商业楼、展览楼、综合楼、电信楼、财贸金融楼 4. 建筑高度超过 50m 或 24m 以上部分的任一楼层的建筑面积超过 1500m² 的商住楼 5. 中央级和省级（含计划单列市）广播电视楼 6. 网局级和省级（含计划单列市）电力调度楼 7. 省级（含计划单列市）邮政楼、防灾指挥调度楼 8. 藏书超过 100 万册的图书馆、书库 9. 重要的办公楼、科研楼、档案楼 10. 建筑高度超过 50m 的教学楼和普通的旅馆、办公楼、科研楼、档案楼等	1. 除一类建筑以外的商业楼、展览楼、综合楼、电信楼、财贸金融楼、商住楼、图书馆、书库 2. 省级以下的邮政楼、防灾指挥调度楼、广播电视楼、电力调度楼 3. 建筑高度不超过 50m 的教学楼和普通的旅馆、办公楼、科研楼、档案楼等

3.0.2 高层建筑的耐火等级应分为一、二两级，其建筑构件的燃烧性能和耐火极限不应低于表 3.0.2 的规定。

各类建筑构件的燃烧性能和耐火极限可按附录 A 确定。

建筑构件的燃烧性能和耐火极限 表 3.0.2

构件名称	燃烧性能和耐火极限（h） 耐火等级	
	一　级	二　级
墙　防火墙	不燃烧体 3.00	不燃烧体 3.00
承重墙、楼梯间的墙、电梯井的墙和住宅单元之间的墙、住宅分户墙	不燃烧体 2.00	不燃烧体 2.00
非承重外墙、疏散走道两侧的隔墙	不燃烧体 1.00	不燃烧体 1.00
房间隔墙	不燃烧体 0.75	不燃烧体 0.50
柱	不燃烧体 3.00	不燃烧体 2.50
梁	不燃烧体 2.00	不燃烧体 1.50
楼板、疏散楼梯、屋顶承重构件	不燃烧体 1.50	不燃烧体 1.00
吊顶	不燃烧体 0.25	难燃烧体 0.25

3.0.8 建筑幕墙的设置应符合下列规定:

3.0.8.1 窗槛墙、窗间墙的填充材料应采用不燃烧材料。当外墙采用耐火极限不低于1.00h的不燃烧体时,其墙内填充材料可采用难燃烧材料。

3.0.8.2 无窗槛墙和窗槛墙高度小于0.80m的建筑幕墙,应在每层楼板外沿设置耐火极限不低于1.00h、高度不低于0.80m的不燃烧体裙墙或防火玻璃裙墙。

3.0.8.3 建筑幕墙与每层楼板、隔墙处的缝隙,应采用防火封堵材料封堵。

4.1.2 燃油或燃气锅炉、油浸电力变压器、充有可燃油的高压电容器和多油开关等宜设置在高层建筑外的专用房间内。

当上述设备受条件限制需与高层建筑贴邻布置时,应设置在耐火等级不低于二级的建筑内,并应采用防火墙与高层建筑隔开,且不应贴邻人员密集场所。

当上述设备受条件限制需布置在高层建筑中时,不应布置在人员密集场的上一层、下一层或贴邻,并应符合下列规定:

4.1.2.1 燃油和燃气锅炉房、变压器室应布置在建筑物的首层或地下一层靠外墙部位,但常(负)压燃油、燃气锅炉可设置在地下二层,当常(负)压燃气锅炉房距安全出口的距离大于6.00m时,可设置在屋顶上。

采用相对密度(与空气密度比值)大于等于0.75的可燃气体作燃料的锅炉,不得设置在建筑物的地下室或半地下室;

4.1.2.2 锅炉房、变压器室的门均应直通室外或直通安全出口;外墙上的门、窗等开口部位的上方应设置宽度不小于1.0m的不燃烧体防火挑檐或高度不小于1.20m的窗槛墙;

4.1.2.3 锅炉房、变压器室与其他部位之间应采用耐火极限不低于2.00h的不燃烧体隔墙和1.50h的楼板隔开。在隔墙和楼板上不应开设洞口;当必须在隔墙上开门窗时,应设置耐火极限不低于1.20m的防火门窗;

4.1.2.4 当锅炉房内设置储油间时,其总储存量不应大于1.00m³,且储油间应采用防火墙与锅炉间隔开;当必须在防火墙上开门时,应设置甲级防火门;

4.1.2.5 变压器室之间、变压器室与配电室之间,应采用耐火极限不低于2.00h的不燃烧体墙隔开;

4.1.2.6 油浸电力变压器、多油开关室、高压电容器室,应设置防止油品流散的设施。油浸电力变压器下面应设置储存变压器全部油量的事故储油设施;

4.1.2.7 锅炉的容量应符合现行国家标准《锅炉房设计规范》GB 50041的规定。油浸电力变压器的总容量不应大于1260kVA,单台容量不应大于630kVA;

4.1.2.8 应设置火灾报警装置和除卤代烷以外的自动灭火系统;

4.1.2.9 燃气、燃油锅炉房应设置防爆泄压设施和独立的通风系统。采用燃气作燃料时,通风换气能力不小于6次/h,事故通风换气次数不小于12次/h;采用燃油作燃料时,通风换气能力小于3次/h,事故通风换气能力不小于6次/h。

4.1.3 柴油发电机房布置在高层建筑和裙房内时,应符合下列规定:

4.1.3.1 可布置在建筑物的首层或地下一、二层,不应布置在地下三层及以下。柴油的闪点不应小于55℃;

4.1.3.2 应采用耐火极限不低于2.00h的隔墙和1.50h的楼板与其他部位隔开,门应采用甲级防火门;

4.1.3.3　机房内应设置储油间，其总储存量不应超过8.00h的需要量，且储油间应采用防火墙与发电机间隔开；当必须在防火墙上开门时，应设置能自动关闭的甲级防火门；

4.1.3.4　应设置火灾自动报警系统和除卤代烷1211、1301以外的自动灭火系统。

4.1.5A　高层建筑内的歌舞厅、卡拉OK厅（含具有卡拉OK功能的餐厅）、夜总会、录像厅、放映厅、桑拿浴室（除洗浴部分外）、游艺厅（含电子游艺厅）、网吧等歌舞娱乐放映游艺场所（以下简称歌舞娱乐放映游艺场所），应设在首层或二、三层；宜靠外墙设置，不应布置在袋形走道的两侧和尽端，其最大容纳人数按录像厅、放映厅为1.0人/m²，其他场所为0.5人/m²计算，面积按厅室建筑面积计算；并应采用耐火极限不低于2.00h的隔墙和1.00h的楼板与其他场所隔开，当墙上必须开门时应设置不低于乙级的防火门。

当必须设置在其他楼层时，尚应符合下列规定：

4.1.5.A.1　不应设置在地下二层及二层以下，设置在地下一层时，地下一层地面与室外出入口地坪的高差不应大于10m；

4.1.5.A.2　一个厅、室的建筑面积不应超过200m²；

4.1.5.A.3　一个厅、室的出口不应少于两个，当一个厅、室的建筑面积小于50m²，可设置一个出口；

4.1.5.A.4　应设置火灾自动报警系统和自动喷水灭火系统。

4.1.5.A.5　应设置防烟、排烟设施，并应符合本规范有关规定。

4.1.5.A.6　疏散走道和其他主要疏散路线的地面或靠近地面的墙上，应设置发光疏散指示标志。

4.1.5B　地下商店应符合下列规定：

4.1.5B.1　营业厅不宜设在地下三层及三层以下；

4.1.5B.2　不应经营和储存火灾危险性为甲、乙类储存物品属性的商品；

4.1.5B.3　应设火灾自动报警系统和自动喷水灭火系统；

4.1.5B.4　当商店总建筑面积大于20000m²时，应采用防火墙进行分隔，且防火墙上不得开设门窗洞口；

4.1.5B.5　应设防烟、排烟设施，并应符合本规范有关规定；

4.1.5B.6　疏散走道和其他主要疏散路线的地面或靠近地面的墙上，应设置发光疏散指示标志。

4.1.6　托儿所、幼儿园、游乐厅等儿童活动场所不应设置在高层建筑内，当必须设在高层建筑内时，应设置在建筑物的首层或二、三层，并应设置单独出入口。

4.1.12　设置在建筑物内的锅炉、柴油发电机，其燃料供给管道应符合下列规定：

4.1.12.1　应在进入建筑物前和设备间内设置自动和手动切断阀；

4.1.12.2　储油间的油箱应密闭，且应设置通向室外的通气管，通气管应设置带阻火器的呼吸阀。油箱的下部应设置防止油品流散的设施。

4.1.12.3　燃料供给管道的敷设应符合现行国家标准《城镇燃气设计规范》GB 50028的规定。

4.2.7　高层建筑与厂（库）房的防火间距，不应小于表4.2.7的规定。

高层建筑与厂（库）房的防火间距（m） 表 4.2.7

厂（库）房			一类		二类	
			高层建筑	裙房	高层建筑	裙房
丙类	耐火等级	一、二级	20	15	15	13
		三、四级	25	20	20	15
丁类、戊类	耐火等级	一、二级	15	10	13	10
		三、四级	18	12	15	10

4.3.1 高层建筑的周围，应设环形消防车道。当设环形车道有困难时，可沿高层建筑的两个长边设置消防车道，当建筑的沿街长度超过 150m 或总长度超过 220m 时，应在适中位置设置穿过建筑的消防车道。

有封闭内院或天井的高层建筑沿街时，应设置连通街道和内院的人行通道（可利用楼梯间），其距离不宜超过 80m。

6.1.1 高层建筑每个防火分区的安全出口不应少于两个。但符合下列条件之一的，可设一个安全出口：

6.1.1.1 十八层及十八层以下，每层不超过 8 户、建筑面积不超过 650m² ，且设一座防烟楼梯间和消防电梯的塔式住宅。

6.1.1.2 十八层及十八层以下每个单元设有一座通向屋顶的疏散楼梯，单元之间的楼梯通过屋顶连通，单元与单元之间设有防火墙，户门为甲级防火门，窗间墙宽度、窗槛墙高度大于 1.2m 且为不燃烧体墙的单元式住宅。

超过十八层，每个单元设有一座通向屋顶的疏散楼梯，十八层以上部分每层相邻单元楼梯通过阳台或凹廊连通（屋顶可以不连通），十八层及十八层以下部分单元与单元之间设有防火墙，且户门为甲级防火门，窗间墙宽度、窗槛墙高度大于 1.2m 且为不燃烧体墙的单元式住宅。

6.1.1.3 除地下室外，相邻两个防火分区之间的防火墙上有防火门连通时，且相邻两个防火分区的建筑面积之和不超过表 6.1.1 规定的公共建筑。

两个防火分区之和最大允许建筑面积 表 6.1.1

建筑类别	两个防火分区建筑面积之和（m²）
一类建筑	1400
二类建筑	2100

注：上述相邻两个防火分区设有自动喷水灭火系统时，其相邻两个防火分区的建筑面积之和仍应符合本表的规定。

6.1.3A 商住楼中住宅的疏散楼梯应独立设置。

6.1.11 高层建筑内设有固定座位的观众厅、会议厅等人员密集场所，其疏散走道、出口等应符合下列规定：

6.1.11.1 厅内的疏散走道的净宽应按通过人数每 100 人不小于 0.80m 计算，且不宜小于 1.00m；边走道的最小净宽不宜小于 0.80m。

6.1.11.2 厅的疏散出口和厅外疏散走道的总宽度，平坡地面应分别按通过人数每 100 人不小于 0.65m 计算，阶梯地面应分别按通过人数每 100 人不小于 0.80m 计算。疏散出口和疏散走道的最小净宽均不应小于 1.40m。

6.1.11.3 疏散出口的门内、门外 1.40m 范围内不应设踏步，且门必须向外开，并不应设置门槛。

6.1.11.5 厅内每个疏散出口的平均疏散人数不应超过 250 人。

6.1.11.6 厅的疏散门，应采用推闩式外开门。

6.1.16 高层建筑的公共疏散门均应向疏散方向开启，且不应采用侧拉门、吊门和转门。人员密集场所防止外部人员随意进入的疏散用门，应设置火灾时不需使用钥匙等任何器具即迅速开启的装置，并应在明显位置设置使用提示。

6.2.8 地下室、半地下室的楼梯间，在首层应采用耐火极限不低于 2.00h 的隔墙与其他部位隔开并应直通室外，当必须在隔墙上开门时，应采用不低于乙级的防火门。

地下室或半地下室与地上层不应共用楼梯间，当必须共用楼梯间时，应在首层与地下或半地下层的出入口处，设置耐火极限不低于 2.00h 的隔墙和乙级的防火门隔开，并应有明显标志。

7.4.2 消防竖管的布置，应保证同层相邻两个消火栓的水枪的充实水柱同时达到被保护范围内的任何部位。每根消防竖管的直径应按通过的流量经计算确定，但不应小于 100mm。

以下情况，当设两根消防竖管有困难时，可设一根竖管，但必须采用双阀双出口型消火栓：

　1　十八层及十八层以下的单元式住宅；

　2　十八层及十八层以下、每层不超过 8 户、建筑面积不超过 650m² 的塔式住宅。

7.4.6 除无可燃物的设备层外，高层建筑和裙房的各层均应设室内消火栓，并应符合下列规定：

7.4.6.1 消火栓应设在走道、楼梯附近等明显易于取用的地点，消火栓的间距应保证同层任何部位有两个消火栓的水枪充实水柱同时到达。

7.4.6.2 消火栓的水枪充实水柱应通过水力计算确定，且建筑高度不超过 100m 的高层建筑不应小于 10m；建筑高度超过 100m 的高层建筑不应小于 13m。

7.4.6.7 临时高压给水系统的每个消火栓处应设直接启动消防水泵的按钮，并应设有保护按钮的设施。

7.4.6.8 消防电梯间前室应设消火栓。

7.6.1 建筑高度超过 100m 的高层建筑及其裙房，除游泳池、溜冰场、建筑面积小于 5.00m² 的卫生间、不设集中空调且户门为甲级防火门的住宅的户内用房和不宜用水扑救的部位外，均应设自动喷水灭火系统。

7.6.2 建筑高度不超过 100m 的一类高层建筑及其裙房，除游泳池、溜冰场、建筑面积小于 5.00m² 的卫生间、普通住宅、设集中空调的住宅的户内用房和不宜用水扑救的部位外，均应设自动喷水灭火系统。

7.6.3 二类高层公共建筑的下列部位应设自动喷水灭火系统：

7.6.3.1 公共活动用房；

7.6.3.2 走道、办公室和旅馆的客房；

7.6.3.3 自动扶梯底部；

7.6.3.4 可燃物品库房。

7.6.4 高层建筑中的歌舞娱乐放映游艺场所、空调机房、公共餐厅、公共厨房以及经常有人停留或可燃物较多的地下室、半地下室房间等，应设自动喷水灭火系统。

9.1.1 高层建筑的消防控制室、消防水泵、消防电梯、防烟排烟设施、火灾自动报警、漏电火灾报警系统、自动灭火系统、应急照明、疏散指示标志和电动的防火门、窗、卷帘、阀门等消防用电，应按现行国家标准《供配电系统设计规范》GB 50052 的规定进行设计，一类高层建筑应按一级负荷要求供电，二类高层建筑应按二级负荷要求供电。

9.1.4 消防用电设备的配电线路应满足火灾时连续供电的需要，其敷设应符合下列规定：

9.1.4.1 暗敷设时，应穿管并应敷设在不燃烧体结构内且保护层厚度不应小于 30mm；明敷设时，应穿有防火保护的金属管或有防火保护的封闭式金属线槽；

9.1.4.2 当采用阻燃或耐火电缆时，敷设在电缆井、电缆沟内可不采取防火保护措施；

9.1.4.3 当采用矿物绝缘类不燃性电缆时，可直接敷设。

9.4.1 建筑高度超过 100m 的高层建筑，除游泳池、溜冰、卫生间外，均应设火灾自动报警系统。

9.4.2 除住宅、商住楼的住宅部分、游泳池、溜冰场外，建筑高度不超过 100m 的一类高层建筑的下列部位应设置火灾自动报警系统：

9.4.2.1 医院病房楼的病房、贵重医疗设备室、病历档案室、药品库；

9.4.2.2 高级旅馆的客房和公共活动用房；

9.4.2.3 商业楼、商住楼的营业厅，展览楼的展览厅；

9.4.2.4 电信楼、邮政楼的重要机房和重要房间；

9.4.2.5 财贸金融楼的办公室、营业厅、票证库；

9.4.2.6 广播电视楼的演播室、播音室、录音室、节目播出技术用房、道具布景；

9.4.2.7 电力调度楼、防灾指挥调度楼等的微波机房、计算机房、控制机房、动力机房；

9.4.2.8 图书馆的阅览室、办公室、书库；

9.4.2.9 档案楼的档案库、阅览室、办公室；

9.4.2.10 办公楼的办公室、会议室、档案室；

9.4.2.11 走道、门厅、可燃物品库房、空调机房、配电室、自备发电机房；

9.4.2.12 净高超过 2.60m 且可燃物较多的技术夹层；

9.4.2.13 贵重设备间和火灾危险性较大的房间；

9.4.2.14 经常有人停留或可燃物较多的地下室；

9.4.2.15 电子计算机房的主机房、控制室、纸库、磁带库。

十九、《混凝土异形柱结构技术规程》 JGJ 149—2006（12条）

3.1.1 异形柱结构可采用框架结构和框架-剪力墙结构体系。

根据建筑布置及结构受力的需要，异形柱结构中的框架柱，可全部采用异形柱，也可部分采用一般框架柱。

当根据建筑功能需要设置底部大空间时，可通过框架底部抽柱并设置转换梁，形成底部抽柱带转换层的异形柱结构，其结构设计应符合本规程附录 A 的规定。

4.1.1 居住建筑异形柱结构的安全等级应采用二级。

4.2.3 抗震设防烈度为 6 度、7 度（0.10g、0.15g）及 8 度（0.20g）的异形柱结构应进行地震作用计算及结构抗震验算。

4.2.4 异形柱结构的地震作用计算，应符合下列规定：

1 一般情况下，应允许在结构两个主轴方向分别计算水平地震作用并进行抗震验算，各方向的水平地震作用应由该方向抗侧力构件承担，7 度（0.15g）及 8 度（0.20g）时尚应对与主轴成 45°方向进行补充验算；

2 在计算单向水平地震作用时应计入扭转影响；对扭转不规则的结构，水平地震作用计算应计入双向水平地震作用下的扭转影响。

4.3.6 计算各振型地震影响系数所采用的结构自振周期，应考虑非承重填充墙体对结构整体刚度的影响予以折减。

5.3.1 异形柱框架应进行梁柱节点核心区受剪承载力计算。

6.1.6 异形柱、梁纵向受力钢筋的混凝土保护层厚度应符合国家标准《混凝土结构设计规范》GB 50010—2002 第 9.2.1 条的规定。

注：处于一类环境且混凝土强度等级不低于 C40 时，异形柱纵向受力钢筋的混凝土保护层最小厚度应允许减小 5mm。

6.2.5 异形柱中全部纵向受力钢筋的配筋百分率不应小于表 6.2.5 规定的数值，且按柱全截面面积计算的柱肢各肢端纵向受力钢筋的配筋百分率不应小于 0.2；建于 IV 类场地且高于 28m 的框架，全部纵向受力钢筋的最小配筋百分率应按表 6.2.5 中的数值增加 0.1 采用。

异形柱全部纵向受力钢筋的最小配筋百分率（％）　　　　　　　表 6.2.5

柱类型	抗震等级			非抗震
	二级	三级	四级	
中柱、边柱	0.8	0.8	0.8	0.8
角柱	1.0	0.9	0.8	0.8

注：采用 HRB400 级钢筋时，全部纵向受力钢筋的最小配筋百分率应允许按表中数值减小 0.1，但调整后的数值不应小于 0.8。

6.2.10 抗震设计时，异形柱箍筋加密区的箍筋最大间距和箍筋最小直径应符合表6.2.10的规定。

异形柱箍筋加密区箍筋的最大间距和最小直径   表 6.2.10

抗震等级	箍筋最大间距（mm）	箍筋最小直径（mm）
二级	纵向钢筋直径的6倍和100的较小值	8
三级	纵向钢筋直径的7倍和120（柱根100）的较小值	8
四级	纵向钢筋直径的7倍和150（柱根100）的较小值	6（柱根8）

注：1. 底层柱的柱根指地下室的顶面或无地下室情况的基础顶面；

    2. 三、四级抗震等级的异形柱，当剪跨比λ不大于2时，箍筋间距不应大于100mm，箍筋直径不应小于8mm。

7.0.2 异形柱结构的模板及其支架应根据工程结构的形式、荷载大小、地基土类别、施工设备和材料供应等条件进行专门设计。模板及其支架应具有足够的承载力、刚度和稳定性，应能可靠地承受浇筑混凝土的重量、侧压力和施工荷载。

7.0.3 异形柱结构的纵向受力钢筋，应符合国家标准《混凝土结构设计规范》GB 50010—2002第4.2.2条的要求，对二级抗震等级设计的框架结构，检验所得的强度实测值，尚应符合下列要求：

1 钢筋的抗拉强度实测值与屈服强度实测值的比值不应小于1.25；

2 钢筋的屈服强度实测值与标准值的比值不应大于1.3。

7.0.4 当钢筋的品种、级别或规格需作变更时，应办理设计变更文件。

二十、《钢结构高强度螺栓连接技术规程》
JGJ 82—2011 （6条）

3.1.7 在同一连接接头中，高强度螺栓连接不应与普通螺栓连接混用。承压型高强度螺栓连接不应与焊接连接并用。

4.3.1 每一杆件在高强度螺栓连接节点及拼接接头的一端，其连接的高强度螺栓数量不应少于2个。

6.1.2 高强度螺栓连接副应按批配套进场，并附有出厂质量保证书。高强度螺栓连接副应在同批内配套使用。

6.2.6 高强度螺栓连接处的钢板表面处理方式以及除锈等级应符合设计要求。连接处钢板表面应平整、无焊接飞溅、无毛刺、无油污。经处理后的摩擦型高强度螺栓连接的摩擦面抗滑移系数应符合设计要求。

6.4.5 在安装过程中，不得使用螺纹损伤及沾染脏物的高强度螺栓连接符，不得用高强度螺栓兼作临时螺栓。

6.4.8 安装高强度螺栓时，严禁强行穿入。当不能自由穿入时，该孔应用铰刀进行修整，修整后孔的最大直径不应大于1.2倍螺栓直径，且修孔数量不应超过该节点螺栓数量的25%。修孔前应将四周螺栓全部拧紧，使板迭密贴后再进行铰孔。严禁气割扩孔。

二十一、《建筑结构加固工程施工质量验收规范》 GB 50550—2010（34 条）

4.1.1 结构加固工程用的水泥进场时应对其品种、级别、包装或散装仓号、出厂日期等进行检查，并应对其强度、安定性及其他必要的性能指标进行见证取样复验。其品种和强度等级必须符合现行国家标准《混凝土结构加固设计规范》GB 50367 及设计的规定；其质量必须符合现行国家标准《通用硅酸盐水泥》GB 175 和《快硬硅酸盐水泥》GB 199 等的要求。

加固用混凝土中严禁使用安定性不合格的水泥、含氯化物的水泥、过期水泥和受潮水泥。

检查数量：按同一生产厂家、同一等级、同一品种、同一批号且同一次进场的水泥，以 30t 为一批（不足 30t，按 30t 计），每批见证取样不应少于一次。

检验方法：检查产品合格证、出厂检验报告和进场复验报告。

4.1.2 普通混凝土中掺用的外加剂（不包括阻锈剂），其质量及应用技术应符合现行国家标准《混凝土外加剂》GB 8076 及《混凝土外加剂应用技术规范》GB 50119 的要求。

结构加固用的混凝土不得使用含有氯化物或亚硝酸盐的外加剂；上部结构加固用的混凝土还不得使用膨胀剂。必要时，应使用减缩剂。

检查数量：按进场的批次并符合本规范附录 D 的规定。

检验方法：检查产品合格证、出厂检验报告（包括与水泥适应性检验报告）和进场复验报告。

4.2.1 结构加固用的钢筋，其品种、规格、性能等应符合设计要求。钢筋进场时，应分别按现行国家标准《钢筋混凝土用钢　第 1 部分：热轧光圆钢筋》GB 1499.1、《钢筋混凝土用钢　第 2 部分：热轧带肋钢筋》GB 1499.2、《钢筋混凝土用余热处理钢筋》GB/T 13014、《预应力混凝土用钢绞线》GB/T 5224 等的规定，见证取样作力学性能复验，其质量除必须符合相应标准的要求外，尚应符合下列规定：

1 对有抗震设防要求的框架结构，其纵向受力钢筋强度检验实测值应符合现行国家标准《混凝土结构工程施工质量验收规范》GB 50204 的规定；

2 对受力钢筋，在任何情况下，均不得采用再生钢筋和钢号不明的钢筋。

检查数量：按进场的批次并符合本规范附录 D 的规定。

检验方法：检查产品合格证、出厂检验报告和进场复验报告。

4.2.2 结构加固用的型钢、钢板及其连接用的紧固件，其品种、规格和性能等应符合设计要求和现行国家标准《碳素结构钢》GB/T 700、《低合金高强度结构钢》GB/T 1591、《紧固件机械性能》GB/T 3098 以及有关产品标准的规定。严禁使用再生钢材以及来源不明的钢材和紧固件。

型钢、钢板和连接用的紧固件进场时，应按现行国家标准《钢结构工程施工质量验收规范》GB 50205 等的规定见证取样作安全性能复验，其质量必须符合设计和合同的要求。

检查数量：按进场的批次，逐批检查，且每批抽取一组试样进行复验。组内试件数量按所执行试验方法标准确定。

检验方法：检查产品合格证、中文标志、出厂检验报告和进场复验报告。

4.2.3 预应力加固专用的钢材进场时，应根据其品种分别按现行国家标准《钢筋混凝土用余热处理钢筋》GB/T 13014、《预应力混凝土用钢丝》GB/T 5223、《预应力混凝土用钢绞线》GB/T 5224 和《碳素结构钢》GB/T 700、《低合金高强度结构钢》GB/T 1591 等的规定，见证取样作力学性能复验，其质量必须符合相应标准的规定。

检查数量：按进场批次，逐批检查，且每批抽取一组试样进行复验。组内试件数量按所执行的试验方法标准确定。

检验方法：检查产品合格证、出厂检验报告和进场复验报告。

4.2.5 绕丝用的钢丝进场时，应按现行国家标准《一般用途低碳钢丝》GB/T 343 中关于退火钢丝的力学性能指标进行复验。其复验结果的抗拉强度最低值不应低于490MPa。

注：若直径 4mm 退火钢丝供应有困难，允许采用低碳冷拔钢丝在现场退火。但退火后的钢丝抗拉
　　强度值应控制在（490～540）MPa 之间。

检查数量：按进场批号，每批抽取 5 个试样。

检验方法：按现行国家标准《金属材料　室温拉伸试验方法》GB/T 228 规定的方法进行复验，同时，尚应检查其产品合格证和出厂检验报告。

4.2.6 结构加固用的钢丝绳网片应根据设计规定选用高强度不锈钢丝绳或航空用镀锌碳素钢丝绳在工厂预制。制作网片的钢丝绳，其结构形式应为 $6×7+IWS$ 金属股芯右交互捻小直径不松散钢丝绳（图 4.2.6a），或 $1×19$ 单股左捻钢丝绳（图 4.2.6b）；其钢丝的公称强度不应低于现行国家标准《混凝土结构加固设计规范》GB 50367 的规定值。

钢丝绳网片进场时，应分别按现行国家标准《不锈钢丝绳》GB/T 9944 和行业标准《航空用钢丝绳》YB/T 5197 等的规定见证抽取试件作整绳破断拉力、弹性模量和伸长率检验。其质量必须符合上述标准和现行国家标准《混凝土结构加固设计规范》GB 50367 的规定。

检查数量：按进场批次和产品抽样检验方案确定。

检验方法：检查产品质量合格证、出厂检验报告和进场复验报告。

注：单股钢丝绳也称钢绞线（图 4.2.6b），但不得擅自将 $6×7+IWS$ 金属股芯不松散钢丝绳改称为
　　钢绞线。若施工图上所写名称不符合本规范规定，应要求设计单位和生产厂家书面更正，否则
　　不得付诸施工。

4.3.1 结构加固用的焊接材料，其品种、规格、型号和性能应符合现行国家产品标准和设计要求。焊接材料进场时应按现行国家标准《碳钢焊条》GB/T 5117、《低合金钢焊条》GB/T 5118 等的要求进行见证取样复验。复验不合格的焊接材料不得使用。

检查数量：应按产品复验抽样并符合本规范附录 D 的规定。

检查方法：检查产品合格证、中文标志及出厂检验报告和进场复验报告。

4.4.1 加固工程使用的结构胶粘剂，应按工程用量一次进场到位。结构胶粘剂进场时，施工单位应会同监理人员对其品种、级别、批号、包装、中文标志、产品合格证、出厂日期、出厂检验报告等进行检查；同时，应对其钢-钢拉伸抗剪强度、钢-混凝土正拉粘结强

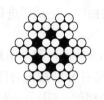 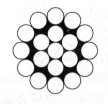

(a) 6×7+IWS 钢丝绳　　　　(b) 1×19 钢绞线（单股钢丝绳）

图 4.2.6　钢丝绳的结构形式

度和耐湿热老化性能等三项重要性能指标以及该胶粘剂不挥发物含量进行见证取样复验；对抗震设防烈度为 7 度及 7 度以上地区建筑加固用的粘钢和粘贴纤维复合材的结构胶粘剂，尚应进行抗冲击剥离能力的见证取样复验；所有复验结果均须符合现行国家标准《混凝土结构加固设计规范》GB 50367 及本规范的要求。

检验数量：按进场批次，每批号见证取样 3 件，每件每组分称取 500g，并按相同组分予以混匀后送独立检验机构复检。检验时，每一项目每批次的样品制作一组试件。

检验方法：在确认产品批号、包装及中文标志完整的前提下，检查产品合格证、出厂日期、出厂检验报告、进场见证复验报告，以及抗冲击剥离试件破坏后的残件。

4.4.5 加固工程中，严禁使用下列结构胶粘剂产品：

　1 过期或出厂日期不明；

　2 包装破损、批号涂毁或中文标志、产品使用说明书为复印件；

　3 掺有挥发性溶剂或非反应性稀释剂；

　4 固化剂主成分不明或固化剂主成分为乙二胺；

　5 游离甲醛含量超标；

　6 以"植筋-粘钢两用胶"命名。

注：过期胶粘剂不得以厂家出具的"质量保证书"为依据而擅自延长其使用期限。

4.5.1 碳纤维织物（碳纤维布）、碳纤维预成型板（以下简称板材）以及玻璃纤维织物（玻璃纤维布）应按工程用量一次进场到位。纤维材料进场时，施工单位应会同监理人员对其品种、级别、型号、规格、包装、中文标志、产品合格证和出厂检验报告等进行检查，同时尚应对下列重要性能和质量指标进行见证取样复验：

　1 纤维复合材的抗拉强度标准值、弹性模量和极限伸长率；

　2 纤维织物单位面积质量或预成型板的纤维体积含量；

　3 碳纤维织物的 K 数。

若检验中发现该产品尚未与配套的胶粘剂进行过适配性试验，应见证取样送独立检测机构，按本规范附录 E 及附录 N 的要求进行补检。

检查、检验和复验结果必须符合现行国家标准《混凝土结构加固设计规范》GB 50367 的规定及设计要求。

检查数量：按进场批号，每批号见证取样 3 件，从每件中，按每一检验项目各裁取一组试样的用料。

检验方法：在确认产品包装及中文标志完整性的前提下，检查产品合格证、出厂检验报告和进场复验报告；对进口产品还应检查报关单及商检报告所列的批号和技术内容是否与进场检查结果相符。

注：1　纤维复合材抗拉强度应按现行国家标准《定向纤维增强塑料拉伸性能试验方法》GB/T 3354 测定，但其复验的试件数量不得少于 15 个，且应计算其试验结果的平均值、标准差和变异系数，供确定其强度标准值使用；

2　纤维织物单位面积质量应按现行国家标准《增强制品试验方法 第 3 部分：单位面积质量的测定》GB/T 9914.3 进行检测；碳纤维预成型板材的纤维体积含量应按现行国家标准《碳纤维增强塑料体积含量试验方法》GB/T 3366 进行检测；

3　碳纤维的 K 数应按本规范附录 M 判定。

4.5.2　结构加固使用的碳纤维，严禁用玄武岩纤维、大丝束碳纤维等替代。结构加固使用的 S 玻璃纤维（高强玻璃纤维）、E 玻璃纤维（无碱玻璃纤维），严禁用 A 玻璃纤维或 C 玻璃纤维替代。

4.7.1　配制结构加固用聚合物砂浆（包括以复合砂浆命名的聚合物砂浆）的原材料，应按工程用量一次进场到位。聚合物原材料进场时，施工单位应会同监理单位对其品种、型号、包装、中文标志、出厂日期、出厂检验合格报告等进行检查，同时尚应对聚合物砂浆体的劈裂抗拉强度、抗折强度及聚合物砂浆与钢粘结的拉伸抗剪强度进行见证取样复验。其检查和复验结果必须符合现行国家标准《混凝土结构加固设计规范》GB 50367 的规定。

检查数量：按进场批号，每批号见证抽样 3 件，每件每组分称取 500g，并按同组分予以混合后送独立检测机构复验。检验时，每一项目每批号的样品制作一组试件。

检验方法：在确认产品包装及中文标志完整性的前提下，检查产品合格证、出厂日期、出厂检验合格报告和进场复验报告。

注：聚合物砂浆体的劈裂抗拉强度、抗折强度及聚合物砂浆拉伸抗剪强度应分别按本规范附录 P、附录 Q 及附录 R 规定的方法进行测定。

4.9.2　结构界面胶（剂）应一次进场到位。进场时，应对其品种、型号、批号、包装、中文标志、出厂日期、产品合格证、出厂检验报告等进行检查，并应对下列项目进行见证抽样复验：

1　与混凝土的正拉粘结强度及其破坏形式；

2　剪切粘结强度及其破坏形式；

3　耐湿热老化性能现场快速复验。

复验结果必须分别符合本规范附录 E、附录 S 及附录 J 的规定。

注：结构界面胶（剂）耐湿热老化快速复验，应采用本规范附录 S 规定的剪切试件进行试验与评定。

检查数量：按进场批次，每批见证抽取 3 件；从每件中取出一定数量界面胶（剂）经混匀后，为每一复验项目制作 5 个试件进行复验。

检验方法：在确认产品包装及中文标志完整的前提下，检查产品合格证、出厂检验报告和进场复验报告。

4.11.1　结构加固用锚栓应采用自扩底锚栓、模扩底锚栓或特殊倒锥形锚栓，且应按工程用量一次进场到位。进场时，应对其品种、型号、规格、中文标志和包装、出厂检验合格报告等进行检查，并应对锚栓钢材受拉性能指标进行见证抽样复验，其复验结果必须符合现行国家标准《混凝土结构加固设计规范》GB 50367 的规定。

对地震设防区，除应按上述规定进行检查和复验外，尚应复查该批锚栓是否属地震区适用的锚栓。复查应符合下列要求：

1 对国内产品，应具有独立检验机构出具的符合行业标准《混凝土用膨胀型、扩孔型建筑锚栓》JG 160‑2004 附录 F 规定的专项试验验证合格的证书；

2 对进口产品，应具有该国或国际认证机构检验结果出具的地震区适用的认证证书。

检查数量：按同一规格包装箱数为一检验批，随机抽取 3 箱（不足 3 箱应全取）的锚栓，经混合均匀后，从中见证抽取 5％，且不少于 5 个进行复验；若复验结果仅有一个不合格，允许加倍取样复验；若仍有不合格者，则该批产品应评为不合格产品。

检验方法：在确认锚栓产品包装及中文标志完整性的条件下，检查产品合格证、出厂检验报告和进场见证复验报告；对扩底刀具，还应检查其真伪；对地震设防区，尚应检查其认证或验证证书。

5.3.2 新增混凝土的强度等级必须符合设计要求。用于检查结构构件新增混凝土强度的试块，应在监理工程师见证下，在混凝土的浇筑地点随机抽取。取样与留置试块应符合下列规定：

1 每拌制 50 盘（不足 50 盘，按 50 盘计）同一配合比的混凝土，取样不得少于一次；

2 每次取样应至少留置一组标准养护试块；同条件养护试块的留置组数应根据混凝土工程量及其重要性确定，且不应少于 3 组。

检验方法：检查施工记录及试块强度试验报告。

5.4.2 新增混凝土的浇筑质量不应有严重缺陷及影响结构性能和使用功能的尺寸偏差。

对已经出现的严重缺陷及影响结构性能和使用功能的尺寸偏差，应由施工单位提出技术处理方案，经监理（业主）和设计单位共同认可后予以实施。对经处理的部位应重新检查、验收。

检查数量：全数检查。

检验方法：观察、测量或超声法检测，并检查技术处理方案和返修记录。

6.5.1 新置换混凝土的浇筑质量不应有严重缺陷及影响结构性能或使用功能的尺寸偏差。

对已经出现的严重缺陷和影响结构性能或使用功能的尺寸偏差，应由施工单位提出技术处理方案，经设计和监理单位认可后进行处理。处理后应重新检查验收。

检查数量：全数检查。

检验方法：观察、超声法检测、检查技术处理方案及返修记录。

8.2.1 预应力拉杆（或撑杆）制作和安装时，必须复查其品种、级别、规格、数量和安装位置。复查结果必须符合设计要求。

检查数量：全数检查。

检验方法：制作前按进场验收记录核对实物；检查安装位置和数量。

10.4.2 加固材料（包括纤维复合材）与基材混凝土的正拉粘结强度，必须进行见证抽样检验。其检验结果应符合表 10.4.2 合格指标的要求。若不合格，应揭去重贴，并重新检查验收。

现场检验加固材料与混凝土正拉粘结强度的合格指标 表 10.4.2

检验项目	原构件实测混凝土强度等级	检验合格指标		检验方法
正拉粘结强度及其破坏形式	C15～C20	≥1.5MPa	且为混凝土内聚破坏	本规范附录 U
	≥C45	≥2.5MPa		

注：1. 加固前应按本规范附录 T 的规定，对原构件混凝土强度等级进行现场检测与推定；

2. 若检测结果介于 C20～C45 之间，允许按换算的强度等级以线性插值法确定其合格指标；

3. 检查数量：应按本规范附录 U 的取样规则确定；

4. 本表给出的是单个试件的合格指标。检验批质量的合格评定，应按本规范附录 U 的合格评定标准进行。

11.4.2 钢板与原构件混凝土间的正拉粘结强度应符合本规范第 10.4.2 条规定的合格指标的要求。若不合格，应揭去重贴，并重新检查验收。

检查数量及检验方法应按本规范附录 U 的规定执行。

12.4.1 聚合物砂浆的强度等级必须符合设计要求。用于检查钢丝绳网片外加聚合物砂浆面层抗压强度的试块，应会同监理人员在拌制砂浆的出料口随机取样制作。其取样数量与试块留置应符合下列规定：

1 同一工程每一楼层（或单层），每喷抹 500m²（不足 500m²，按 500m² 计）砂浆面层所需的同一强度等级的砂浆，其取样次数应不少于一次。若搅拌机不止一台，应按台数分别确定每台取样次数。

2 每次取样应至少留置一组标准养护试块；与面层砂浆同条件养护的试块，其留置组数应根据实际需要确定。

检验方法：检查施工记录及试块强度的试验报告。

12.5.1 聚合物砂浆面层的外观质量不应有严重缺陷及影响结构性能和使用功能的尺寸偏差。严重缺陷的检查与评定应按表 12.5.1 进行；尺寸偏差的检查与评定应按设计单位在施工图上对重要尺寸允许偏差所作的规定进行。

对已经出现的严重缺陷及影响结构性能和使用功能的尺寸偏差，应由施工单位提出技术处理方案，经业主（监理）和设计单位共同认可后予以实施。对经处理的部位应重新检查、验收。

检查数量：全数检查。

检验方法：观察，当检查缺陷的深度时应凿开检查或超声探测，并检查技术处理方案及返修记录。

聚合物砂浆面层外观质量缺陷 表 12.5.1

名 称	现 象	严 重 缺 陷	一 般 缺 陷
露绳（或露筋）	钢丝绳网片（或钢筋网）未被砂浆包裹而外露	受力钢丝绳（或受力钢筋）外露	按构造要求设置的钢丝绳（或钢筋）有少量外露
疏松	砂浆局部不密实	构件主要受力部位有疏松	其他部位有少量疏松
夹杂异物	砂浆中夹有异物	构件主要受力部位夹有异物	其他部位有少量异物
孔洞	砂浆中存在深度和长度均超过砂浆保护层厚度的孔洞	构件主要受力部位有孔洞	其他部位有少量孔洞

名　称	现　象	严 重 缺 陷	一 般 缺 陷
硬化（或 固化）不良	水泥或聚合物失效，致使面层不硬化（或不固化）	任何部位不硬化（或不固化）	（不属一般缺陷）
裂缝	缝隙从砂浆表面延伸至内部	构件主要受力部位有影响结构性能或使用功能的裂缝	仅有表面细裂纹
连接部 位缺陷	构件端部连接处砂浆层分离或锚固件与砂浆层之间松动、脱落	连接部位有影响结构传力性能的缺陷	连接部位有轻微影响或不影响传力性能的缺陷
表观缺陷	表面不平整、缺棱掉角、翘曲不齐、麻面、掉皮	有影响使用功能的缺陷	仅有影响观感的缺陷

　　注：复合水泥砂浆及普通水泥砂浆面层的喷抹质量缺陷也可按本表进行检查与评定。

12.5.3　聚合物砂浆面层与原构件混凝土间的正拉粘结强度，应符合本规范表 10.4.2 规定的合格指标的要求。若不合格，应揭去重做，并重新检查、验收。

　　检查数量、检验方法及评定标准应按本规范附录 U 的规定执行。

13.3.6　砌体或混凝土构件外加钢筋网采用普通砂浆或复合砂浆面层时，其强度等级必须符合设计要求。用于检查砂浆强度的试块，应按本规范第 12.4.1 条的规定进行取样和留置，并应按该条规定的检查数量及检验方法执行。

13.4.1　砌体或混凝土构件外加钢筋网的砂浆面层，其浇筑或喷抹的外观质量不应有严重缺陷。对硬化后砂浆面层的严重缺陷应按本规范表 12.5.1 进行检查和评定。对已出现者应由施工单位提出处理方案，经业主（监理单位）和设计单位共同认可后进行处理并应重新检查、验收。

　　检查数量：全数检查。

　　检验方法：观察，检查技术处理方案及施工记录。

13.4.3　砂浆面层与基材之间的正拉粘结强度，必须进行见证取样检验。其检验结果，对混凝土基材应符合本规范表 10.4.2 的要求；对砌体基材应符合本规范表 13.4.3 的要求。

现场检验加固材料与砌体正拉粘结强度的合格指标　　　　表 13.4.3

检验项目	烧结普通砖或混凝土砌块强度等级	28d 检验合格指标		正常破坏形式	检验方法
		普通砂浆 （≥M15）	聚合物砂浆或复合砂浆		
正拉粘结强度及其破坏形式	MU10～MU15	≥0.6MPa	≥1.0MPa	砖或砌块内聚破坏	本规范附录 U
	≥MU20	≥1.0MPa	≥1.3MPa		

　　注：1　加固前应通过现场检测，对砖或砌块的强度等级予以确认；

　　　　2　当为旧标号块材，且符合原规范规定时，仅要求检验结果为块材内聚破坏。

15.1.5　负荷状态下钢构件增大截面工程，应要求由具有相应技术等级资质的专业单位进行施工；其焊接作业必须由取得相应位置施焊的焊接合格证、且经过现场考核合格的焊工施焊。

15.4.1　在负荷下进行钢结构加固时，必须制定详细的施工技术方案，并采取有效的安全措施，防止被加固钢构件的结构性能受到焊接加热、补加钻孔、扩孔等作业的损害。

15.5.1 设计要求全焊透的一、二级焊缝应采用超声波探伤进行内部缺陷的检验；超声波探伤不能对缺陷作出判断时，应采用射线探伤。探伤时，其内部缺陷分级应符合现行国家标准《钢焊缝手工超声波探伤方法和探伤结果分级》GB 11345 和《金属熔化焊焊接接头射线照相》GB/T 3323 的规定。

检查数量：全数检查。

检验方法：超声波探伤；必要时，采用射线探伤；检查探伤记录。

16.1.5 对负荷状态下焊缝补强施焊的焊工要求，必须符合本规范第 15.1.5 的规定。

19.4.1 植筋的胶粘剂固化时间达到 7d 的当日，应抽样进行现场锚固承载力检验。其检验方法及质量合格评定标准必须符合本规范附录 W 的规定。

检查数量：按本规范附录 W 确定。

检验方法：监理人员应在场监督，并检查现场拉拔检验报告。

20.3.1 锚栓安装、紧固或固化完毕后，应进行锚固承载力现场检验。其锚固质量必须符合本规范关于锚固承载力现场检验与评定的规定并符合附录 W 的规定。

检查数量：按本规范附录 W 确定。

检验方法：检查锚栓承载力现场检验报告。

21.4.3 新增灌浆料与细石混凝土的混合料，其强度等级必须符合设计要求，用于检查其强度的试块，应在监理工程师的见证下，按本规范第 5.3.2 条的规定进行取样、制作、养护和检验。

注：试块尺寸应为 100mm×100mm×100mm 的立方体。其检验结果应换算为边长为 150mm 的标准立方体抗压强度，作为评定混合料强度等级的依据，换算系数应按现行国家标准《普通混凝土力学性能试验方法标准》GB/T 50081 的规定采用。

检查数量及检验方法按该条规定执行。